Contabilidade
para executivos

Central de Qualidade – FGV Management
ouvidoria@fgv.br

PUBLICAÇÕES
FGV Management

SÉRIE GESTÃO EMPRESARIAL

Contabilidade para executivos

9ª edição

André Luis Fernandes Limeira
Carlos Alberto dos Santos Silva
Carlos Vieira
Raimundo Nonato Souza Silva

FGV management

FGV EDITORA

ISBN — 978-85-225-0797-9

Direitos desta edição reservados à
EDITORA FGV
Rua Jornalista Orlando Dantas, 37
22231-010 — Rio de Janeiro, RJ — Brasil
Tels.: 0800-021-7777 — 21-3799-4427
Fax: 21-3799-4430
e-mail: editora@fgv.br — pedidoseditora@fgv.br
website: www.fgv.br/editora

Impresso no Brasil / Printed in Brazil

1ª edição — 2003; 2ª edição revista e atualizada — 2003; 3ª edição — 2004; 4ª e 5ª edições — 2005; 6ª e 7ª edições — 2006; 1ª, 2ª e 3ª reimpressões — 2007; 4ª reimpressão — 2008; 8ª edição — 2008; 1ª reimpressão — 2008; 2ª, 3ª, 4ª, 5ª e 6ª reimpressões — 2009; 9ª edição — 2010.

Preparação dos originais: Adriana Alves e Mariflor Rocha
Editoração eletrônica: FA Editoração Eletrônica
Revisão: Aleidis de Beltran, Andréa Campos Bivar e Sandro Gomes dos Santos
Capa: aspecto:design
Ilustração de capa: Mario Guilherme V. Leite

Limeira, André Luis Fernandes
Contabilidade para executivos / André Luis Fernandes Limeira, Carlos Alberto dos Santos Silva, Carlos Vieira, Raimundo Nonato Souza Silva. – 9. ed. – Rio de Janeiro: Editora FGV, 2010
124 p. – (Gestão empresarial)

Abaixo do título: Publicações FGV Management.
Inclui bibliografia

1. Contabilidade gerencial. I. Silva, Carlos Alberto dos Santos. II. Vieira, Carlos. III. Silva, Raimundo Nonato Souza. IV. Fundação Getulio Vargas. V. FGV Management. VI. Título. VII. Série.

CDD — 657.7

Aos nossos alunos e aos nossos colegas docentes,
que nos levam a pensar e repensar nossas práticas.

Sumário

Apresentação

Este livro compõe as Publicações FGV Management, programa de educação continuada da Fundação Getulio Vargas (FGV).

Instituição de direito privado com mais de meio século de existência, a FGV vem gerando conhecimento por meio da pesquisa, transmitindo informações e formando habilidades por meio da educação, prestando assistência técnica às organizações e contribuindo para um Brasil sustentável e competitivo no cenário internacional.

A estrutura acadêmica da FGV é composta por oito escolas e institutos: a Escola Brasileira de Administração Pública e de Empresas (Ebape), dirigida pelo professor Flavio Carvalho de Vasconcelos; a Escola de Administração de Empresas de São Paulo (Eaesp), dirigida pela professora Maria Tereza Leme Fleury; a Escola de Pós-Graduação em Economia (EPGE), dirigida pelo professor Renato Fragelli Cardoso; o Centro de Pesquisa e Documentação de História Contemporânea do Brasil (Cpdoc), dirigido pelo professor Celso Castro; a Escola de Direito de São Paulo (Direito GV), dirigida pelo professor Ary

Oswaldo Mattos Filho; a Escola de Direito do Rio de Janeiro (Direito Rio), dirigida pelo professor Joaquim Falcão; a Escola de Economia de São Paulo (Eesp), dirigida pelo professor Yoshiaki Nakano; o Instituto Brasileiro de Economia (Ibre), dirigido pelo professor Luiz Guilherme Schymura de Oliveira. São diversas unidades com a marca FGV, trabalhando com a mesma filosofia: gerar e disseminar o conhecimento pelo país.

Dentro de suas áreas específicas de conhecimento, cada escola é responsável pela criação e elaboração dos cursos oferecidos pelo Instituto de Desenvolvimento Educacional (IDE), criado em 2003 com o objetivo de coordenar e gerenciar uma rede de distribuição única para os produtos e serviços educacionais produzidos pela FGV, por meio de suas escolas. Dirigido pelo professor Clovis de Faro e contando com a direção acadêmica do professor Carlos Osmar Bertero, o IDE engloba o programa FGV Management e sua rede conveniada, distribuída em todo o país (ver www.fgv.br/fgvmanagement), o programa de ensino a distância FGV Online (ver www.fgv.br/fgvonline), a Central de Qualidade e Inteligência de Negócios e o Programa de Cursos In Company. Por meio de seus programas, o IDE desenvolve soluções em educação presencial e a distância e em treinamento corporativo customizado, prestando apoio efetivo à rede FGV, de acordo com os padrões de excelência da instituição.

Este livro representa mais um esforço da FGV em socializar seu aprendizado e suas conquistas. Ele é escrito por professores do FGV Management, profissionais de reconhecida competência acadêmica e prática, o que torna possível atender às demandas do mercado, tendo como suporte sólida fundamentação teórica.

A FGV espera, com mais essa iniciativa, oferecer a estudantes, gestores, técnicos — a todos, enfim, que têm internalizado o conceito de educação continuada, tão relevante nesta era do conhecimento — insumos que, agregados às suas práticas, possam contribuir para sua especialização, atualização e aperfeiçoamento.

Clovis de Faro
Diretor do Instituto de Desenvolvimento Educacional

Ricardo Spinelli de Carvalho
Diretor Executivo do FGV Management

Sylvia Constant Vergara
Coordenadora das Publicações FGV Management

Introdução

O objetivo deste livro é mostrar a importância da contabilidade no meio empresarial e no processo decisório das organizações. Como ciência da informação, ela auxilia o gestor com dados úteis e indispensáveis à adequada gestão do negócio. Apresentaremos aqui os mecanismos desenvolvidos pela ciência contábil e as formas adotadas pelas empresas para demonstrar sua situação ao mercado. Veremos também como desenvolver uma análise econômico-financeira tomando por base as informações contidas nas demonstrações contábeis.

O livro está dividido em quatro capítulos. O primeiro mostra a importância da ciência contábil como ferramenta fundamental para o processo decisório, podendo ser utilizada tanto para fins financeiros quanto gerenciais. Apresenta, igualmente, a visão sistêmica da contabilidade e os princípios básicos que servem de parâmetro para a elaboração dos relatórios contábeis.

No segundo capítulo veremos como se elaboram e interpretam os relatórios que compõem as demonstrações contábeis de uma empresa, a saber: balanço patrimonial, demonstração do fluxo de caixa, demonstração das mutações do patrimônio líquido e a demonstração do valor adicionado exigida para empresas de capital aberto. Esta edição já inclui as alterações ocorridas na Lei nº 6.404/76, feitas pela Lei nº 11.638, de 28 de dezembro de 2007.

O terceiro capítulo examina os critérios de avaliação dos investimentos societários com caráter permanente em outras empresas e as mutações ocorridas no patrimônio líquido das entidades. Nele veremos o que leva as entidades a efetuarem tal inversão financeira, os tipos de empresas nas quais se investe (controladas e coligadas) e, fundamentalmente, o método de avaliação desses investimentos, denominado equivalência patrimonial. Veremos também os elementos que compõem o patrimônio líquido e como eles podem contribuir para o acréscimo ou diminuição do capital próprio da empresa.

O quarto capítulo focaliza a principal ferramenta de gestão econômico-financeira, isto é, a análise das demonstrações contábeis, bem como as técnicas nela utilizadas. Nele veremos um exemplo prático de como os dados resultantes da análise econômico-financeira podem servir de suporte para as principais decisões sobre investimento, financiamento, concessão de créditos, entre outras.

Concluindo, procuramos mostrar a riqueza da informação contábil e sua utilidade no processo de gestão de uma organização. Entendemos que essa ferramenta pode e deve ser utilizada por profissionais de diversas áreas e que cumpre explorá-la em todos os seus aspectos, visto ser ela fundamental, para atender tanto à necessidade do tomador de decisão quanto a de todos aqueles que direta ou indiretamente necessitem da informação para o processo decisório.

1

Fundamentos da contabilidade

O objetivo deste capítulo é mostrar os fundamentos da ciência contábil e sua utilidade como sistema de informações. Trata-se de análises de natureza econômico-financeira elaboradas a partir das atividades de uma entidade num determinado período.

O cenário de crescente competitividade levou as empresas a uma árdua luta pela sobrevivência, e uma das chaves do sucesso passou a ser o gerenciamento eficaz das inúmeras informações disponíveis que podem servir de base para uma decisão econômico-financeira. Assim, criou-se um sistema de informações, como mostra a figura a seguir:

Figura 1

ESTRUTURA DE UM SISTEMA DE INFORMAÇÕES

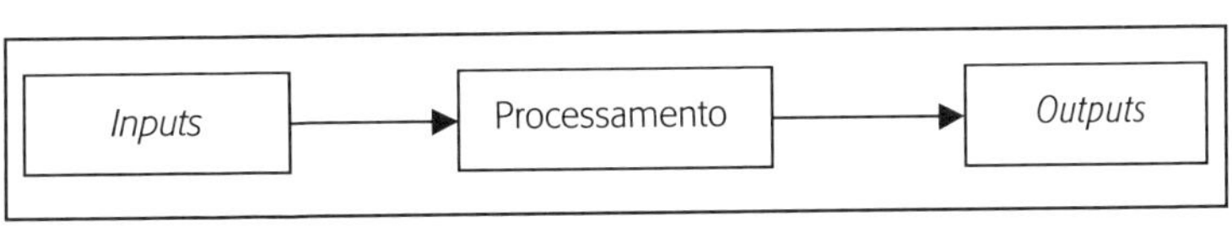

Todo sistema que, usando ou não os recursos da tecnologia da informação, manipula e gera informações pode ser considerado um sistema de informações. De acordo com o próprio conceito de sistema, é difícil conceber um que não gere algum tipo de informação, independentemente de seu uso. Informação é qualquer dado trabalhado, com valor significativo atribuído ou agregado e sentido lógico para quem o utiliza. Dado é entendido como elemento da informação, um conjunto de letras, números ou dígitos que, tomado isoladamente, não transmite nenhuma informação, ou seja, não contém um significado claro.

O sistema de informações gerenciais de uma empresa tem como objetivo integrar todos os processos, cabendo à gerência a responsabilidade de operá-lo de forma consequente. Entre os seus demais elementos — a saber: marketing, produção, recursos humanos e logística — está o sistema de informações contábeis, tal como representado na figura 2.

Figura 2

SISTEMA DE INFORMAÇÕES CONTÁBEIS

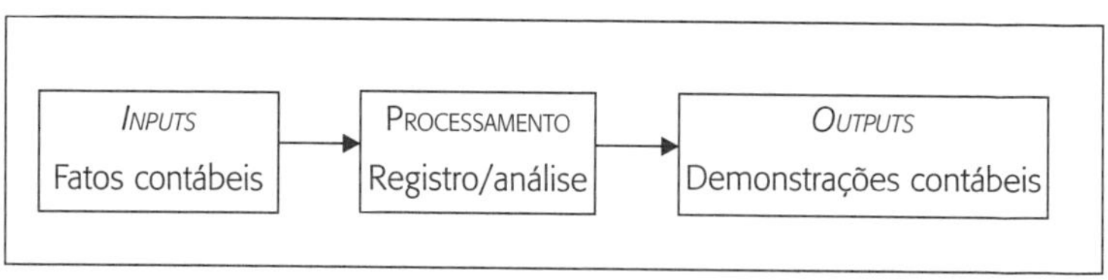

Vejamos cada um dos elementos que compõem um sistema de informações contábeis:

- *inputs*;
- processamento;
- *outputs*.

Os *inputs* são os fatos contábeis que se podem mensurar econômica e financeiramente numa empresa e que correspondem a transações diversas, como compra e venda de mercadorias, pagamento de salários, recebimento de vendas à vista ou a prazo.

O processamento ocorre em duas etapas:

- registro dos fatos nos livros contábeis, como por exemplo o diário, onde se lançam as transações por ordem cronológica, e o razão, onde estas são registradas separadamente por tipo de evento;
- análise e conciliação dessas informações.

O registro dos fatos contábeis nos livros competentes é feito mediante uma codificação utilizada para classificar os eventos segundo suas particularidades. Essa codificação é denominada contas contábeis, e o conjunto das diversas contas constitui o plano de contas contábeis, como veremos no próximo capítulo.

Os *outputs* consistem nas demonstrações contábeis, que, na prática, são o retrato da situação econômica e financeira das empresas perante a sociedade. Segundo a Lei das Sociedades Anônimas (Lei nº 6.404/76 e recente alteração com a Lei nº 11.638/07), tais demonstrações incluem:

- o balanço patrimonial;
- a demonstração do resultado do exercício;
- a demonstração do fluxo de caixa;
- a demonstração das mutações do patrimônio líquido;
- a demonstração do valor adicionado.

O plano de contas, anteriormente citado, inclui todas as contas contábeis da organização, agrupadas de forma racional e planificada. Um bom plano de contas deve conter os seguintes elementos básicos:

- elenco das contas — relação nominal das contas (títulos) que integram o plano;
- função das contas — discriminação do conteúdo de cada conta, esclarecendo-se o significado de cada título, os elementos componentes etc.;
- funcionamento das contas — explicação sumária da movimentação de cada conta, indicando as relações com outras contas e a posição do saldo.

As contas devem ser ordenadas e agrupadas em sistemas; para facilitar a aplicação do plano, é comum codificá-las. Todo plano de contas deve ser suficientemente flexível para permitir alterações necessárias sem quebra de sua unidade. Essa codificação deverá indicar as operações de ativo, passivo, patrimônio líquido e resultado, como veremos no fim deste capítulo.

Como você pode inferir, a contabilidade é um sistema por excelência; mais especificamente, um sistema de informação e avaliação visando fornecer demonstrações e análises de natureza econômica, financeira, física e de produtividade com relação à entidade objeto de contabilização.

A entidade é a própria empresa em si. O usuário da informação contábil pode ser toda pessoa física ou jurídica que tenha interesse em avaliar a situação e o progresso de determinada entidade, seja esta uma empresa com finalidades lucrativas ou não, ou mesmo um patrimônio familiar.

Existem dois tipos de usuários das informações contábeis, a saber: internos e externos. Cada um desses usuários está interessado num determinado tipo de informação, como se vê a seguir:

Usuário	Interno/externo	Informação desejada
Acionistas	Externo	Fluxo de dividendos
Governo	Externo	Recolhimento de tributos
Clientes	Externo	Pós-venda dos bens adquiridos
Fornecedores	Externo	Crédito
Alta administração	Interno	Análises em geral
Empregados em geral	Interno	Medição de desempenho

Observando o fluxo apresentado anteriormente, podemos dizer que o processamento das informações contábeis ocorre da forma como mostra a figura 3.

Figura 3

PROCESSAMENTO DAS INFORMAÇÕES CONTÁBEIS

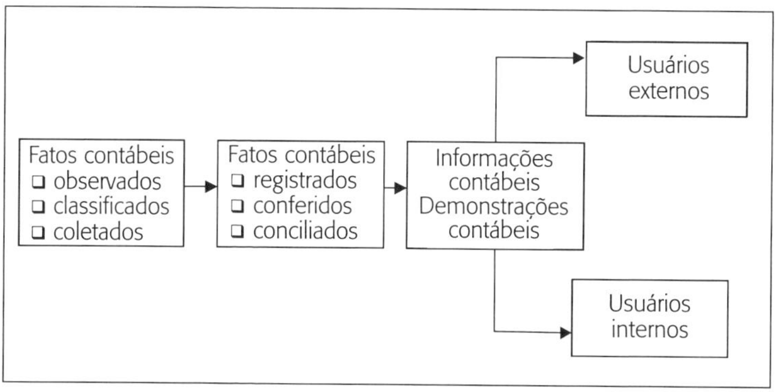

Os fatos contábeis passíveis de registro dividem-se em duas categorias, a saber:

- fatos permutativos, que não alteram a situação patrimonial das empresas;
- fatos modificativos, que alteram a situação patrimonial das empresas.

No registro dos fatos adota-se o método das partidas dobradas, segundo o qual para toda origem de recurso deverá haver uma aplicação de recurso correspondente.

O fluxo de recursos passíveis de registro mostra que os recursos da empresa são aplicados de uma ou de outra forma, como se vê na figura 4.

Figura 4

FLUXO DE RECURSOS DA EMPRESA

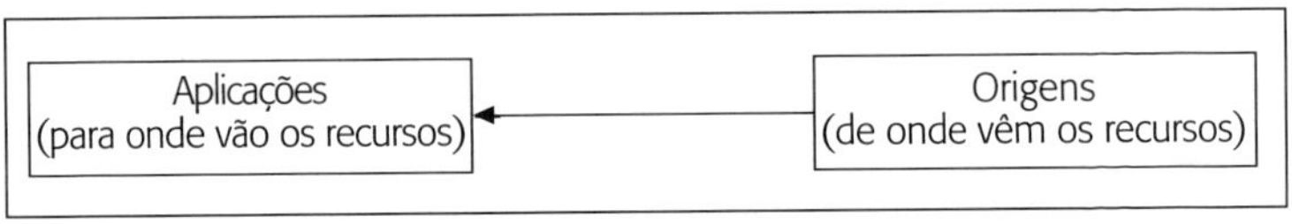

Suponha que algumas pessoas, tendo decidido iniciar as atividades de uma empresa, integralizam o seu capital social em forma de estoques. Essa formação inicial será assim representada:

As origens são os recursos das empresas, os quais provêm de duas fontes principais: capitais próprios e capitais de terceiros.

Os capitais próprios são os recursos cedidos às empresas pelos sócios ou acionistas, assim como os lucros gerados na própria atividade.

Os capitais de terceiros são os recursos obtidos com alheios, representados por créditos concedidos por fornecedores na aquisição de bens ou serviços, financiamentos de instituições financeiras e outras obrigações contraídas em decorrência do próprio funcionamento das entidades, obrigações que deverão ser pagas em prazos e condições previamente fixados.

Como você já percebeu, as origens são efetivamente aplicadas nas operações, sejam elas principais ou acessórias. Assim, tais aplicações são efetuadas da seguinte forma:

- em capital de giro — são aplicações feitas no ativo circulante através de bens e direitos, compreendendo as disponibilidades, aplicações financeiras, créditos, estoque e outros ativos, cujo prazo de realização ocorrerá no período considerado de curto prazo;
- em capital fixo — são aplicações feitas em bens ou direitos do permanente, podendo ser bens tangíveis ou intangíveis.

Eis como se realizam as aplicações e as origens:

Aplicações ↓	Origens ↓
Bens e direitos	Capital de terceiros e próprio

A informação contábil

As informações contábeis geram eficiência para o sistema econômico. Sem a informação apropriada, o risco aumenta e, devido ao custo de capital, há um reflexo nos preços.

A contabilidade é uma linguagem universal única e um instrumento para a eficiente alocação de recursos, donde sua importância numa economia de mercado de capitais. Ela serve de base para a efetivação de contratos e para a comprovação das relações estabelecidas, sendo, pois, fundamental para o controle das atividades econômicas e para a avaliação do desempenho dos que efetuam a gestão dos recursos. Torna-se legítima através das demonstrações contábeis.

Compete ao profissional de contabilidade, ou *controller*, conceituar a informação e conhecer profundamente os ambientes interno e externo. Ele sabe que as informações geradas são essenciais para que o gestor tome uma decisão adequada e mais rápida. Como você viu, as demonstrações contábeis possibilitam uma completa análise das informações geradas, daí sua importância para o usuário.

Os demonstrativos contábeis, já enumerados anteriormente, serão tratados em mais detalhes nos próximos capítulos. Por ora, vamos defini-los sucintamente.

O *balanço patrimonial* mostra a situação econômica e financeira da empresa num dado momento, ou seja, o resultado das transações envolvendo seus bens, direitos e obrigações.

A *demonstração do resultado do exercício* apresenta o resultado do confronto entre receitas, custos e despesas.

A *demonstração das mutações do patrimônio líquido* revela as variações ocorridas no patrimônio líquido da empresa, bem como a causa delas e o efeito que tiveram sobre esse patrimônio.

A *demonstração do fluxo de caixa* indica informações sobre a movimentação e o saldo de caixa e equivalentes de caixa.

Por último, a *demonstração do valor adicionado*, exigida para empresas de capital aberto, indica o valor da riqueza gerada pela companhia e a sua distribuição entre os elementos que contribuíram para a geração dessa riqueza. A informação contábil presta-se, pois, a duas finalidades, a saber: controle e planejamento.

Controle é o processo pelo qual a administração se certifica, na medida do possível, de que a organização está agindo de acordo com os planos traçados. A informação contábil é útil ao processo de controle como meio de motivação, comunicação e verificação dos resultados obtidos. É por meio do controle que se elaboram e divulgam as informações que servirão de base para planejamentos futuros.

Planejamento é o processo pelo qual se decidem as ações a serem empreendidas no futuro. A informação contábil é de grande utilidade no planejamento empresarial, na medida em que permite estabelecer padrões. Mesmo em caso de decisões isoladas sobre várias alternativas possíveis, normalmente utiliza-se grande quantidade de informações contábeis.

Conceitos básicos

Para melhor entender os preceitos da contabilidade e seu funcionamento, torna-se necessário dominar alguns conceitos.

Gastos

Todos os consumos de bens e serviços, adquiridos à vista ou a prazo, efetuados pelas organizações representam gastos que, conforme suas características, podem dividir-se em: custos, despesas e perdas. Todo gasto em algum momento gera desembolso.

Desembolsos

Saída de recursos financeiros para aquisição de bens e serviços ou pagamento de obrigações assumidas anteriormente.

Custos

São os gastos (consumo de bens e serviços) efetuados com o objetivo de gerar bens e/ou prestação de serviços. Por exemplo, com matérias-primas, mão de obra etc.

Os bens gerados do consumo de bens (materiais) e serviços (mão de obra e serviços de terceiros) e outros insumos, tais como energia elétrica, depreciação e outros, podem ser classificados em estoques, investimentos ou imobilizado.

Estoques: bens adquiridos ou produtos destinados à venda.

Investimentos: bens destinados à geração de renda, tal como aluguel.

Imobilizado: bens destinados ao uso nas atividades produtivas (máquinas e equipamentos) ou administrativas e comerciais (móveis e utensílios).

Despesas

Consumo de bens e serviços, adquiridos à vista ou a prazo, com o objetivo de gerar receitas. Exemplos:

- gasto incorrido na aquisição ou produção dos bens vendidos e serviços prestados;
- despesas de vendas, tais como impostos, fretes, comissões, propaganda, garantias etc.;
- despesas administrativas, tais como salários e encargos do pessoal administrativo, serviços públicos, aluguéis etc.;
- despesas financeiras, tais como juros e encargos;
- despesas tributárias, tais como imposto de renda e contribuição social.

Perdas

Correspondem aos gastos anormais ou involuntários efetuados pela empresa que não geram novos bens ou serviços e tampouco receitas. Exemplo: deterioração de material por problemas de prazo de validade ou más condições de armazenagem.

Receitas

Representam os valores que uma empresa recebe ou tem direito a receber, provenientes de suas operações de vendas, de prestação de serviços ou de aplicações financeiras. Exemplos:

- receita de vendas;
- receita de serviços;
- receita de aluguel;
- receitas financeiras.

Estrutura conceitual para a elaboração e apresentação das demonstrações contábeis

A Lei das Sociedades por Ações foi modificada pela Lei nº 11.638/07, conforme citado na página 17 deste livro. A seguir, vários pronunciamentos foram emitidos, e o primeiro deles foi o Pronunciamento Conceitual Básico.

O Pronunciamento Conceitual Básico, emitido pelo Comitê de Pronunciamentos Contábeis (CPC) sob o título Estrutura Conceitual para a Elaboração e Apresentação das Demonstrações Contábeis, classifica tecnicamente os princípios contábeis em duas categorias:

- pressupostos básicos;
- características qualitativas das demonstrações contábeis.

Os pressupostos básicos são dois, a saber:

Pressuposto	Característica
Regime de competência	Apropriação das receitas e das despesas, com suas mutações nos ativos e passivos e, consequentemente, no patrimônio líquido, com fundamento nos momentos em que seus fatos geradores contábeis ocorrem, e não apenas quando de seus reflexos no caixa.
Continuidade	Pressupõe que a entidade operará por tempo indefinido.

As características qualitativas das demonstrações contábeis são quatro, a saber:

Característica	**Descrição**
Compreensibilidade	Fundamenta-se no objetivo do pronto entendimento por parte do usuário da informação contábil.
Relevância	Diz respeito à influência de uma informação contábil na tomada de decisões.
Confiabilidade	Exige que a informação seja apresentada da forma mais apropriada possível, retratando adequadamente o que se pretende evidenciar. Torna-se necessário observar a *neutralidade* (imparcialidade), a *prudência* e a *integridade*.
Comparabilidade	Característica que permite a melhor visão da evolução da entidade, medida sob os mesmos critérios e princípios ao longo do tempo.

2

Demonstrações contábeis

Para analisar a situação da estrutura patrimonial de uma entidade, é preciso ter acesso ao produto final da contabilidade, isto é, os relatórios contábeis. Neste capítulo você será apresentado a esses relatórios, ferramenta imprescindível para o processo de tomada de decisão por parte dos interessados na situação econômico-financeira de determinada empresa. Como vimos no capítulo anterior, devido à diversidade de interesses dos diferentes usuários, a tarefa de gerar informações com qualidade e confiabilidade requer, dentro das necessidades específicas de cada um, a ampliação do conjunto de relatórios que servirão de base para a qualificação dos dados e, consequentemente, das informações a serem utilizadas na tomada de decisão.

Dada a necessidade de gerar informações para um conjunto heterogêneo de usuários, as demonstrações contábeis constituem uma valiosa ferramenta para atender a uma demanda específica de acordo com o interesse de cada um. Para evidenciar a importância das informações contidas nas demonstrações contábeis, suponha que se pudesse ter acesso aos relatórios contábeis de uma prefeitura que verdadeiramente prestasse contas à sociedade. Com base nas informações extraídas de tais relatórios, poder-se-ia, por exemplo, analisar a gestão dessa prefeitura e decidir pela sua continuidade ou não.

Importância das demonstrações contábeis

A todo investidor interessa conhecer a situação econômico-financeira da empresa na qual decidiu aplicar os seus recursos. A intenção desse investidor é alavancar sua riqueza, ampliar sua estrutura patrimonial.

Quando se investe numa determinada empresa, admitindo-se que sua constituição se dê em função desse investimento, está-se constituindo um novo patrimônio. Este, por sua vez, estará sujeito a um conjunto de variáveis que poderão modificar-lhe a estrutura. Tais variáveis estão associadas ao processo decisório por parte dos gestores e a fatores tais como avanço tecnológico, abertura de mercado, conjuntura política e social, fusões, cisões e outros tantos cujo impacto na estrutura patrimonial pode ser ou não minimizado. Caberá, todavia, à contabilidade gerar um produto que permita a continuidade da tomada de decisões, com o propósito de atender aos objetivos do investidor.

Os produtos gerados são os relatórios contábeis, ricos em informações que permitirão ao seu usuário conhecer a estrutura patrimonial da empresa, avaliar seu desempenho e estabelecer planos para o futuro. Pode-se afirmar que as demonstrações contábeis evidenciam a realidade de um patrimônio que é resultado de uma gestão, fornecendo, assim, subsídios para viabilizar sua evolução.

Obrigatoriedade das demonstrações contábeis

A Lei nº 6.404, de 15 de dezembro de 1976, conhecida como Lei das S.A., no seu capítulo XV, arts. 175 a 205, regulamenta as demonstrações financeiras, ressalvando-se que a Lei nº 10.303, de 31 de outubro de 2001, alterou os arts. 196, 197 e 202 e a Lei nº 11.638, de 28 de dezembro de 2007, em seu art. 1º e os arts. 176 a 179, 181 a 184, 187, 188, 197, 199, 226 e 248. Embora regule especificamente a sociedade anônima, essa lei aplica-se a qualquer tipo de pessoa jurídica. Cabe ressaltar que aqui será utilizada a expressão "demonstrações contábeis", uma vez que "demonstrações financeiras" aplica-se ao contexto financeiro, limitando-se às operações de crédito e financiamento.

O art. 175 estabelece o período de duração do exercício social, que é o espaço de tempo findo o qual as pessoas jurídicas são obrigadas a apurar seus resultados e a elaborar demonstrações financeiras. Tanto a data de finalização do exercício quanto qualquer alteração de sua duração devem constar do documento de constituição da pessoa jurídica.

Já o art. 176 estabelece que as demonstrações financeiras deverão ser elaboradas ao final de cada exercício, sendo obrigatórios os seguintes demonstrativos: balanço patrimonial; demonstração de lucros ou prejuízos acumulados; demonstração do resultado do exercício; demonstração do fluxo de caixa; demonstração do valor adicionado. A demonstração de lucros ou prejuízos acumulados poderá ser substituída pela demonstração das mutações do patrimônio líquido.

Você pode observar que as demonstrações têm por finalidade refletir não só a situação do patrimônio naquele momento, mas também as mutações ocorridas no exercício.

A publicação das demonstrações contábeis deverá vir acompanhada da indicação dos valores correspondentes das demonstrações do exercício anterior.

Formação e estrutura das demonstrações contábeis

A formação e a estrutura das demonstrações contábeis contemplam: o balanço patrimonial; a demonstração do resultado do exercício; a demonstração do fluxo de caixa; a demonstração das mutações do patrimônio líquido; a demonstração do valor adicionado. As demonstrações contábeis serão complementadas por notas explicativas e outros quadros analíticos que permitam esclarecer aos usuários a situação patrimonial e dos resultados do exercício. Vejamos separadamente cada um desses itens.

Balanço patrimonial

O balanço patrimonial tem por objetivo apresentar aos diversos usuários a situação patrimonial da empresa, evidenciando, através da estrutura de capital, a participação do capital de terceiros e do capital próprio, isto é, as fontes de financiamentos. Mediante o processo de gestão, tais recursos serão investidos de tal sorte que se consiga maximizar a aplicação dos investidores e, ao mesmo tempo, ter capacidade para saldar as dívidas da empresa, o que caracteriza rentabilidade e liquidez.

Na estrutura desse demonstrativo, as fontes de financiamentos estão representadas no passivo, e os investimentos, no ativo. Tanto o ativo quanto o passivo são representados por contas que estarão demonstrando os bens, os direitos e as obrigações com terceiros e com os investidores. Os bens e direitos que compõem o ativo são mostrados conforme a liquidez de cada elemento, e estes, por sua vez, representam componentes positivos da estrutura patrimonial.

Já as fontes de financiamento contêm elementos que são mostrados em função do grau de exigibilidade e que representam componentes negativos no conjunto de formação da estrutura patrimonial, pois são obrigações.

Somando os bens com os direitos e subtraindo o capital de terceiros você terá o capital próprio ou patrimônio líquido.

A representação do balanço patrimonial é feita considerando o ativo ao lado do passivo, como se vê a seguir:

Apresentação lógica da formação e representação da estrutura patrimonial

Balanço patrimonial	
Ativo	*Passivo*
Bens Grau de liquidez	*Obrigações com terceiros* Exigibilidade
Direitos	*Patrimônio líquido* Capital Lucros/prejuízos acumulados
Aplicação dos recursos	Origens dos recursos
Contas de natureza devedora	Contas de natureza credora

Estrutura comparativa das origens e aplicações na formação da estrutura patrimonial

Investimentos	*Financiamentos*
Distribuição das fontes de financiamentos	Formação das fontes de financiamentos ❑ externas — investidores; terceiros ❑ internas — resultados
Principais objetivos ❑ pagar os financiadores ❑ remunerar os investidores	

LUCRO

REPRESENTAÇÃO GRÁFICA DE UMA ESTRUTURA PATRIMONIAL SIMPLIFICADA

Balanço patrimonial			
Ativo		***Passivo***	
Bens		*Obrigações com terceiros*	
Imóveis	80.000,00	Fornecedores	30.000,00
Veículos	30.000,00		
Caixa	134.000,00		
Mercadorias	42.000,00		
Direitos		*Patrimônio líquido*	
Duplicatas a receber	60.000,00	Capital	360.000,00
Bancos	70.000,00	Lucro	26.000,00
Total	416.000,00	Total	416.000,00

REPRESENTAÇÃO DE ACORDO COM A LIQUIDEZ E EXIGIBILIDADE

Ativo			***Passivo***		
Caixa	134.000,00	Bens	Fornecedores	30.000,00	Obrigações com terceiros
Bancos	70.000,00	Direitos			
Dupl. a receber	60.000,00	Direitos			
Mercadorias	42.000,00	Bens	Capital	360.000,00	Capital próprio
Veículos	30.000,00	Bens	Lucros ou prejuízos acumulados	26.000,00	
Imóveis	80.000,00	Bens			

Como você pode perceber, nosso objetivo é gerar informações para um conjunto heterogêneo de usuários. Para tanto é preciso estruturar as demonstrações de forma a permitir-lhes extrair as informações de que necessitam.

O ativo e o passivo foram divididos em grupos e subgrupos. Dentro de cada subgrupo aparecem as respectivas contas que representam os vários elementos da estrutura patrimonial, os bens, os direitos, as obrigações com terceiros e o patrimônio líquido. Observe que a divisão do ativo e do passivo é feita de modo a apresentar os elementos do ativo de acordo com o grau de liquidez, e os do passivo de acordo com o grau de exigibilidade. Procura-se apresentar a classificação das contas segundo os elementos que registrem as contas agrupadas para facilitar o conhecimento e a análise da situação financeira da companhia, conforme o art. 178 da Lei nº 6.404/76. Porém, o conteúdo dos grupos e subgrupos, as contas e os critérios de avaliação do ativo e do passivo estão definidos nos arts. 178 a 184 da referida lei, com modificações implementadas pela Lei nº 11.941/09, que alterou a forma de apresentação das demonstrações contábeis assim como determinados critérios de avaliação dos componentes patrimoniais.

Estrutura sintética

A Lei das S.A. aplica-se a todos os tipos de sociedades no que se refere à escrituração contábil e à elaboração das demonstrações contábeis, cabendo ressaltar que as demonstrações contábeis das companhias abertas deverão observar as normas expedidas pela Comissão de Valores Mobiliários e serão obrigatoriamente submetidas à auditoria por auditores independentes nela registrados. Para melhor entendimento, mostramos a seguir a estrutura sintética das demonstrações contábeis.

Balanço patrimonial

Ativo	*Passivo*
Ativo circulante (grupo)	Passivo circulante (grupo)
Disponível (subgrupo)	Obrigações (subgrupo)
Créditos (subgrupo)	
Outros créditos (subgrupo)	
Estoques (subgrupo)	
Despesas do exercício seguinte (subgrupo)	
Ativo não circulante (grupo)	Passivo não circulante (grupo)
Realizável a longo prazo (subgrupo)	Obrigações (subgrupo)

continua

Ativo	*Passivo*
Investimento (subgrupo) Imobilizado (subgrupo) Intangível (subgrupo)	Patrimônio líquido (grupo) Capital (subgrupo) Reservas de capital (subgrupo) Ajuste de avaliações patrimoniais (subgrupo) Reservas de lucro (subgrupo) Ações em tesouraria (subgrupo) Prejuízos acumulados (subgrupo)
Total	Total

Vejamos agora como se compõem os diversos grupos de contas integrantes do balanço patrimonial e os respectivos critérios de avaliação.

Ativo

Ativo circulante. Classificam-se nesse grupo todos os bens e direitos cuja realização ocorra no curso do exercício social seguinte ao encerramento do exercício atual.

Ativo realizável a longo prazo. Incluem-se aqui os bens e direitos cuja realização é certa ou provável após o término do exercício social subsequente, ou seja, a realização ocorrerá num prazo superior a um ano, a contar da data de apresentação do balanço patrimonial do exercício atual. Os adiantamentos ou empréstimos a sociedades coligadas ou controladas, diretores, acionistas ou participantes no lucro da companhia que não constituírem negócios usuais na exploração dos objetos da companhia serão incluídos neste subgrupo.

Investimento. Incluem-se aqui as participações societárias em controladas, coligadas e em outras sociedades que sejam de natureza permanente, assim como os direitos de qualquer natureza, não classificáveis nos ativos realizáveis (ativo circulante mais realizáveis a longo prazo), e que não tenham por finalidade atender à manutenção da atividade da companhia ou da empresa.

Imobilizado. Incluem-se os bens tangíveis destinados à manutenção das atividades da companhia ou da empresa ou exercidos com essa finalidade, inclusive os decorrentes de operações que transfiram à companhia os benefícios, riscos e controle desses bens.

Intangível. Incluem-se os direitos que tenham por objeto bens incorpóreos destinados à manutenção da companhia ou exercidos com essa finalidade, inclusive o fundo de comércio adquirido.

Passivo

As obrigações da companhia, inclusive financiamentos para aquisição de direitos do ativo não circulante, serão classificadas no passivo circulante, quando se vencerem no exercício seguinte, e no passivo não circulante, se tiverem vencimento em prazo maior.

Patrimônio líquido. Aqui se incluem os valores recebidos dos investidores e os recursos gerados pela própria atividade, ou seja, os lucros que estão formalmente incorporados à atividade como fonte de financiamento. Segundo a Lei nº 11.638/07, o patrimônio líquido divide-se em:

- capital social;
- reservas de capital;
- ajustes de avaliações patrimoniais;
- reservas de lucros;
- ações em tesouraria;
- prejuízo acumulado.

Critérios de avaliação

Os critérios de avaliação dos elementos do ativo e do passivo são apresentados a seguir.

Constituem elementos do ativo:

- as aplicações em instrumentos financeiros, inclusive derivativos, e em direitos e títulos de créditos, classificados no ativo circulante ou realizáveis, serão avaliadas pelo seu valor justo, quando se tratar de aplicações destinadas à negociação ou disponíveis para venda e pelo valor de custo de aquisição ou valor de emissão, atualizado conforme disposições legais ou contratuais, ajustado ao valor provável de realização, quando este for inferior, no caso das demais aplicações e os direitos e títulos de créditos;
- os direitos que tiverem por objeto mercadorias e produtos do comércio da companhia, assim como matérias-primas, produtos em fabricação e bens em almoxarifado, pelo custo de aquisição ou produção, deduzido de provisão para ajustá-lo ao valor de mercado, quando este for inferior;
- os investimentos em participação no capital social de outras sociedades, ressalvado o disposto nos arts. 248 a 250, pelo custo de aquisição, deduzido de provisão para perdas prováveis na realização do seu valor, quando essa perda estiver comprovada como permanente, e que não será modificada em razão do recebimento, sem custo para a companhia, de ações ou cotas bonificadas;
- os demais investimentos, pelo custo de aquisição, deduzido de provisão para atender às perdas prováveis na realização do seu valor ou para redução do custo de aquisição ao valor de mercado, quando este for inferior;
- os direitos classificados no imobilizado, pelo custo de aquisição, deduzido do saldo da respectiva conta de depreciação, amortização ou exaustão;

- os direitos classificados no intangível, pelo custo incorrido na aquisição, deduzido do saldo da respectiva conta de amortização;
- os elementos do ativo decorrentes de operações de longo prazo serão ajustados a valor presente, sendo os demais ajustados quando houver efeito relevante.

Para efeitos do disposto no art. 183, considera-se valor justo:

a) das matérias-primas e dos bens em almoxarifado, o preço pelo qual possam ser repostos, mediante compra no mercado;
b) dos bens ou direitos destinados à venda, o preço líquido de realização mediante venda no mercado, deduzidos os impostos e demais despesas necessárias para a venda, e a margem de lucro;
c) dos investimentos, o valor líquido pelo qual possam ser alienados a terceiros;
d) dos instrumentos financeiros, o valor que pode se obter em um mercado ativo, decorrente de transação não compulsória realizada entre partes independentes; e, na ausência de um mercado ativo para um determinado instrumento financeiro:
    - o valor que se pode obter em um mercado ativo com a negociação de outro instrumento financeiro de natureza, prazo e risco similares;
    - o valor presente líquido dos fluxos de caixa futuros para instrumentos financeiros de natureza, prazo e risco similares; ou
    - o valor obtido por meio de modelos matemático-estatísticos de precificação de instrumentos financeiros.

A diminuição do valor dos elementos dos ativos imobilizado e intangível será registrada periodicamente nas contas de:

a) depreciação, quando corresponder à perda do valor dos direitos que têm por objeto bens físicos sujeitos a desgaste ou perda de utilidade por uso, ação da natureza ou obsolescência;

b) amortização, quando corresponder à perda do valor do capital aplicado na aquisição de direitos da propriedade industrial ou comercial e quaisquer outros com existência ou exercício de duração limitada, ou cujo objeto sejam bens de utilização por prazo legal ou contratualmente limitado;
c) exaustão, quando corresponder à perda do valor, decorrente da sua exploração, de direitos cujo objeto sejam recursos minerais ou florestais, ou bens aplicados nessa exploração.

A companhia deverá efetuar, periodicamente, análise sobre a recuperação dos valores registrados no imobilizado e no intangível, a fim de que sejam:

a) registradas as perdas de valor do capital aplicado quando houver decisão de interromper os empreendimentos ou atividades a que se destinavam ou quando comprovado que não poderão produzir resultados suficientes para recuperação desse valor, ou;
b) revisados e ajustados os critérios utilizados para determinação da vida útil econômica estimada e para cálculo da depreciação, exaustão e amortização.

Os estoques de mercadorias fungíveis destinadas à venda poderão ser avaliados pelo valor de mercado, quando esse for o costume mercantil aceito pela técnica contábil.

São elementos do passivo:

- as obrigações, encargos e riscos, conhecidos ou calculáveis, inclusive o imposto sobre a renda a pagar com base no resultado do exercício, serão comutados pelo valor atualizado até a data do balanço;

- as obrigações em moeda estrangeira, com cláusula de paridade cambial, serão convertidas em moeda nacional à taxa de câmbio em vigor na data do balanço;
- as obrigações, os encargos e os riscos classificados no passivo não circulante serão ajustados ao seu valor presente, sendo os demais ajustados quando houver efeito relevante.

Elaboração do balanço patrimonial

Ao término de cada período elabora-se um balancete de verificação, demonstrativo em que se apresenta a posição do saldo de cada conta. A partir daí devem-se fazer os ajustes necessários, considerando uma série de procedimentos e apropriações, tendo em vista a necessidade de atender ao regime de competência, lançamentos de provisões, depreciações, amortizações e outros para o encerramento dos fatos referentes ao período.

Feitos todos os ajustes, faz-se o balancete final para que se possa elaborar a demonstração do resultado do exercício e o balanço patrimonial.

Estrutura analítica

Para que você tenha uma visão adequada da situação econômico-financeira da empresa, mostramos a seguir a estrutura analítica das demonstrações contábeis:

- Ativo
  - Ativo circulante (grupo)
  - Disponibilidades (subgrupo)
    - Caixa
    - Bancos conta movimento
    - Aplicações de liquidez imediata
  - Créditos (subgrupo — direitos realizáveis até o exercício seguinte)

Duplicatas a receber

(–) Duplicatas descontadas

(–) Provisão para devedores duvidosos

Outros créditos (subgrupo)

Títulos a receber

Adiantamentos a empregados

Aplicações financeiras

Impostos a recuperar

Estoques (subgrupo)

Matérias-primas

Produtos em processo de fabricação

Material de embalagem

Produtos acabados

Mercadorias

Material de escritório

(–) Provisão para ajuste a valor de mercado

Despesas do exercício seguinte (subgrupo — despesas antecipadas)

Prêmios de seguros a apropriar

Juros a apropriar

Aluguéis a apropriar

Ativo não circulante (grupo)

Realizável a longo prazo

Créditos (subgrupo)

Duplicatas a receber

(–) Duplicatas descontadas

(–) Provisão para devedores duvidosos

Outros créditos (subgrupo)

Títulos a receber

Aplicações financeiras

Valores a receber de pessoas ligadas

Depósitos compulsórios

Depósitos judiciais

Estoques (subgrupo)

- Matérias-primas
- Produtos em processo de fabricação

Investimentos (subgrupo)

- Participações permanentes em outras sociedades
- (–) Provisões para perdas na alienação de investimentos
- Imóveis de renda
- Imóveis para futura utilização
- Obras de arte

Imobilizado (subgrupo)

- Móveis e utensílios
- (–) Depreciação acumulada
- Veículos
- (–) Depreciação acumulada
- Edifícios
- (–) Depreciação acumulada

Intangível (subgrupo)

- Marcas e nomes de produtos
- Fundos de comércio
- (–) Amortização acumulada
- Direitos de autoria
- Patentes
- Desenvolvimento de software
- *Goodwill*

Total do ativo

- Passivo

Passivo circulante (grupo)

Obrigações (subgrupo)

- Fornecedores
- Contas a pagar
- Salários a pagar
- Férias a pagar

Honorários a pagar
ICMS a recolher
PIS a recolher
Cofins a recolher
Passivo não circulante (grupo)
Exigível a longo prazo
Obrigações (subgrupo)
Empréstimos a pagar
Financiamentos a pagar
Debêntures a pagar
Impostos a recolher
Patrimônio líquido (grupo)
Capital social (subgrupo)
Capital subscrito
(–) Capital a subscrever
Reservas (subgrupo)
Reservas de capital
Ajuste de avaliação patrimonial
Reservas de lucros
Ações em tesouraria (subgrupo)
Prejuízos acumulados

Total do passivo

Demonstração do resultado do exercício

A demonstração de resultado tem por objetivo apresentar de forma dinâmica o resultado econômico da empresa num dado período de apuração. O lucro ou prejuízo do exercício é apurado pela diferença entre as receitas auferidas e os custos e as despesas.

Demonstração de resultado

Vendas
(–) Custos
(–) Despesas
(–) Impostos
(=) Lucro ou prejuízo do exercício

A demonstração do resultado do exercício discriminará:

- a receita bruta das vendas e serviços, as deduções das vendas, os abatimentos e os impostos;
- a receita líquida das vendas e serviços, o custo das mercadorias vendidas e serviços vendidos e o lucro bruto;
- as despesas com vendas, as despesas financeiras, deduzidas das receitas, as despesas gerais e administrativas e outras despesas operacionais;
- o lucro ou prejuízo operacional, as outras receitas e as outras despesas;
- o resultado do exercício antes do imposto de renda e a provisão para o imposto;
- as participações de debenturistas, empregados, administradores e partes beneficiárias, mesmo na forma de instrumentos financeiros, e de instituições ou fundos de assistência ou previdência de empregados, que não se caracterizem como despesa;
- o lucro ou prejuízo líquido do exercício e o seu montante por ação do capital social.

O inciso IV do art. 187 da Lei nº 11.941/09 substituiu a expressão "as receitas e despesas não operacionais" por "outras receitas e as outras despesas", ficando desta forma em consonância com as normas internacionais; eliminou-se a expressão "não operacionais". Os ganhos e/ou as perdas na venda de ativos não circulantes que fazem parte do investimento, imobilizado ou intangível, irão compor outras receitas ou outras despesas.

Deve-se destacar a diferença entre as receitas e os valores a serem recebidos, considerando que a receita seja proveniente de venda financiada aos clientes.

A receita será reconhecida no ato da venda, e o encaixe só acontecerá no ato do recebimento. Como você pode perceber, é possível gerar receitas e não ter liquidez, sendo talvez necessário contrair empréstimos para arcar com os compromissos. Observe que o gestor deverá buscar o equilíbrio entre receitas e caixa. Para tanto, deve seguir uma política racional de realização de vendas e suas respectivas cobranças.

Os fatos mencionados serão contabilizados com base no regime de competência, orientação fundamentada em nossa teoria e na legislação. Nesse caso, quando se apura o resultado da empresa num determinado período, computam-se as receitas e os ganhos no momento em que a operação aconteceu, independentemente de seu recebimento. O mesmo acontece em relação aos custos, despesas, encargos ou perdas, pagos ou incorridos, relacionados a essas receitas e rendimentos.

Estrutura sintética

Para você compreender melhor os diversos grupos de contas integrantes da demonstração de resultado, mostramos a seguir sua estrutura sintética.

Receita operacional bruta
(–) Deduções
(=) Receita operacional líquida
(–) Custo das mercadorias vendidas
(–) Custo dos serviços prestados

(–) Custo dos produtos vendidos
(=) Lucro bruto
(–) Despesas operacionais
Despesas administrativas
Despesas comerciais
(+/–) Resultado financeiro líquido
(+) Outras receitas operacionais
(–) Outras despesas operacionais
(=) Resultado operacional líquido
(+) Outras receitas
(–) Outras despesas
(=) Resultado líquido antes da contribuição social
(–) Contribuição social sobre o lucro líquido
(=) Resultado do exercício antes do imposto de renda
(–) Provisão para imposto de renda
(=) Resultado do exercício depois do imposto de renda
(–) Participações
(=) Resultado líquido do exercício

Nas sociedades anônimas, após evidenciar-se o lucro líquido do exercício, é obrigatório apresentar o lucro ou prejuízo por ação do capital social.

Veja agora como se compõem os diversos grupos de contas integrantes da demonstração de resultado:

- *receita operacional bruta* — é gerada da venda de bens e/ou serviços prestados pela empresa, provenientes das operações-fim para as quais foi constituída;
- *deduções* — estão condicionadas à realização das vendas;
- *receita operacional líquida* — diferença;
- *custo* — deverá ser apurado;

- *lucro bruto* — diferença;
- *despesas operacionais* — necessárias ao funcionamento da empresa, estão associadas às atividades principais e secundárias; serão diminuídas em função de receitas financeiras e outras receitas operacionais;
- *resultado operacional líquido* — diferença;
- *outras receitas ou outras despesas*;
- *resultado líquido antes da contribuição social e do imposto de renda* — diferença;
- *contribuição social sobre o lucro e imposto de renda* — tributos;
- *participações* — distribuição, a quem de direito, da parte que lhe cabe do resultado da empresa;
- *resultado líquido do exercício* — representa o lucro líquido da empresa proveniente daquele período de apuração.

O cálculo do lucro por ação é feito dividindo-se o lucro líquido pela quantidade de ações em que está dividido o capital da empresa.

A indicação do montante do lucro ou prejuízo líquido por ação é obrigatória, por força do disposto no art. 187, inciso VII, da Lei nº 6.404/76.

Estrutura analítica

Para que você tenha uma visão adequada da elaboração do resultado da empresa, mostramos a seguir, de forma analítica, o conjunto de elementos que compõem a demonstração de resultado.

Receita operacional bruta

Vendas

(–) Deduções

ICMS/PIS/Cofins/devolução de vendas/abatimentos/ descontos incondicionais

(=) Receita operacional líquida
(–) CMV/CPV/CSP
(=) Lucro bruto/RCM/RB
(–) Despesas operacionais
    Despesas administrativas e gerais
    Despesas comerciais
(+/–) Resultado financeiro líquido
    (+) Receitas financeiras
    (–) Despesas financeiras
(+) Outras receitas operacionais
    Resultado positivo de participações societárias
    Variação monetária ativa
    Variação cambial ativa
    Receitas de aluguel
    Reversão de provisões
    Amortização de deságios em investimentos
    Recuperação de créditos ou despesas
    Receita de dividendos
(–) Outras despesas operacionais
    Variação monetária passiva
    Variação cambial passiva
    Resultados negativos de participação societária
    Amortização de ágio
(=) Resultado operacional líquido
(+/–) Outras receitas ou outras despesas
    (+) Receita da venda de bens do imobilizado
    (–) Custo contábil dos bens do imobilizado
    (=) Ganhos ou perdas de capital
(=) Resultado líquido antes da contribuição social
(–) Contribuição social sobre o lucro líquido
(=) Resultado do exercício antes do IR
(–) Provisão para IR
(=) Resultado do exercício depois do IR

(–) Participações

Debêntures, empregados, administradores, partes beneficiárias e contribuições para fundos de assistência ou previdência de empregados

(=) Resultado líquido do exercício

Demonstração do fluxo de caixa

A partir da Lei nº 11.638/07, art. 176, inciso IV, tornou-se obrigatória a elaboração da demonstração do fluxo de caixa, que veio substituir a demonstração das origens e aplicações de recursos. As normas para sua elaboração foram apresentadas por meio do Pronunciamento Técnico CPC 03, Deliberação CVM 547/08.

Esta demonstração financeira indica as modificações ocorridas no fluxo de disponibilidades da empresa durante determinado período.

Enquanto a demonstração das origens e aplicações de recursos tinha por objetivo apresentar os fatos que acarretavam modificações no capital circulante líquido em determinado período, a demonstração do fluxo de caixa tem por objetivo apresentar os fatos que acarretaram modificações na disponibilidade que é a base para avaliação da situação financeira da empresa e sua capacidade de arcar com o pagamento das obrigações. Teremos condições de identificar as fontes de obtenção do dinheiro, as origens das disponibilidades e a respectiva alocação do dinheiro, a aplicação das disponibilidades, assim como identificar os objetivos das aplicações.

Será possível identificar:

- onde a empresa conseguiu captar os recursos;
- como foi utilizado seu lucro;
- quanto dos recursos financeiros foi gerado internamente;

- como foi financiada a expansão com a compra de ativos imobilizados;
- se a empresa está se expandindo em ritmo mais acelerado do que sua geração de recursos;
- se a política de distribuição de dividendos está em equilíbrio com a geração operacional;
- quais os movimentos financeiros com os acionistas e os financiadores.

Considerações

Em função do regime de competência, o resultado do período que é apurado por meio da demonstração de resultado não evidencia necessariamente o real fluxo de caixa operacional do período. A determinação do fluxo real de caixa operacional está condicionada ao confronto entre as receitas e despesas sob o enfoque de caixa.

A elaboração da demonstração dos fluxos de caixa poderá ser desenvolvida por meio do método direto ou indireto, sendo que a diferenciação ocorre no fluxo de caixa operacional.

> De acordo com o CPC 03 – Deliberação 547, de 13 de agosto de 2008, — as entidades são encorajadas a divulgar os fluxos de caixa decorrentes das atividades operacionais usando o método direto. O método direto proporciona informações que podem ser úteis para estimular futuros fluxos de caixa e que não estão disponíveis com o uso do método indireto.
>
> A entidade deve apresentar seus fluxos de caixa decorrentes das atividades operacionais, de investimento e de financiamento da forma que seja mais apropriada aos seus negócios. A classificação por atividade proporciona informações que permitem aos usuários avaliar o impacto de tais atividades sobre a posição fi-

nanceira da entidade e o montante de seu caixa e equivalentes de caixa. Essas informações podem também ser usadas para avaliar a relação entre essas atividades.

Uma única transação pode incluir fluxos de caixa classificados em mais de uma atividade. Por exemplo, quando o desembolso de caixa para pagamento de um empréstimo inclui tanto os juros como o principal, a parte dos juros pode ser classificada como atividade operacional, mas a parte do principal deve ser classificada como atividade de financiamento.

Elaboração da demonstração dos fluxos de caixa

Os recebimentos e pagamentos são registrados considerando as seguintes atividades:

- operacionais;
- de investimentos;
- de financiamentos.

Atividades operacionais

Os fluxos de caixa decorrentes das atividades operacionais são, basicamente, derivados das principais atividades geradoras de receita da entidade. Portanto, eles geralmente resultam das transações e de outros eventos que entram na apuração do lucro líquido ou prejuízo. Exemplos de fluxos de caixa que decorrem das atividades operacionais são:

- recebimentos de caixa pela venda de mercadorias e pela prestação de serviços;
- recebimentos de caixa decorrentes de *royalties*, honorários, comissões e outras receitas;
- pagamentos de caixa a fornecedores de mercadorias e serviços;
- pagamentos de caixa a empregados ou por conta de empregados;

- recebimentos e pagamentos de caixa por seguradora de prêmios e sinistros, anuidades e outros benefícios da apólice;
- pagamentos ou restituição de caixa de impostos sobre a renda, a menos que possam ser especificamente identificados com as atividades de financiamento ou de investimento;
- recebimentos e pagamentos de caixa de contratos mantidos para negociação imediata ou disponíveis para venda futura.

Atividades de investimentos

A divulgação em separado dos fluxos de caixa decorrentes das atividades de investimentos é importante, porque tais fluxos de caixa representam a extensão em que os dispêndios de recursos são feitos pela entidade com a finalidade de gerar resultados e fluxos de caixa no futuro. Exemplos de fluxos de caixa decorrentes das atividades de investimentos são:

- pagamentos de caixa para aquisição de ativo imobilizado, intangível e outros ativos de longo prazo. Esses desembolsos incluem os custos de desenvolvimento ativados e ativos imobilizados de construção própria;
- recebimentos de caixa resultantes da venda de ativo imobilizado, intangível e outros ativos de longo prazo;
- pagamentos para aquisição de ações ou concessão de empréstimos para empresas e participações societárias (exceto desembolsos referentes a títulos considerados como equivalentes de caixa ou mantidos para negociação imediata ou venda futura);
- recebimentos de caixa provenientes da venda de ações ou de empréstimos feitos a outras empresas e participações societárias (exceto recebimentos referentes aos títulos considerados como equivalentes de caixa e os mantidos para negociação);
- adiantamentos de caixa e empréstimos feitos a terceiros (exceto adiantamentos e empréstimos feitos por instituição financeira);

- recebimentos de caixa por liquidação de adiantamentos ou amortização de empréstimos concedidos a terceiros (exceto adiantamentos e empréstimos de uma instituição financeira).

Atividades de financiamentos

A divulgação separada dos fluxos de caixa decorrentes das atividades de financiamentos é importante por ser útil para prever as exigências sobre futuros fluxos de caixa pelos fornecedores de capital à entidade. Exemplos de fluxos de caixa decorrentes das atividades de financiamento são:

- caixa recebido pela emissão de ações (aporte de capital) ou outros instrumentos patrimoniais;
- pagamentos de caixa a investidores para adquirir ou resgatar ações da entidade;
- caixa recebido proveniente da emissão de debêntures, empréstimos, títulos e valores, hipotecas e outros empréstimos de curto e longo prazos;
- amortização de empréstimos e financiamentos, incluindo debêntures emitidas, hipotecas, mútuos e outros empréstimos de curto e longo prazos;
- pagamentos de caixa por arrendatário, para redução do passivo relativo a arrendamento mercantil financeiro.

Método indireto

Este método tem uma grande capacidade informacional, permitindo visualizar a relação entre o lucro e o caixa. Há também a possibilidade de identificar e analisar o efeito das políticas de administração do capital circulante sobre o fluxo de caixa.

Nesta evidenciação é efetuada uma forma de reconciliação entre o resultado obtido na demonstração do resultado com o caixa gerado pelas atividades operacionais. Essa informação é muito importante para o entendimento da situação da empresa e para efetuar projeções.

Demonstração do fluxo de caixa – método indireto

- Fluxo de caixa das atividades operacionais
  Lucro líquido do exercício
  Despesas (receitas) que não afetam o caixa:
    Provisão para créditos de liquidação duvidosa
    Depreciação e amortização
    Variações monetárias de longo prazo líquidas
    Equivalência patrimonial

- Variações no ativo circulante
  Créditos de clientes
  Outros créditos
  Estoques
  Antecipações de impostos
  Pagamentos antecipados

- Variações no passivo circulante
  Fornecedores
  Folha de pagamento e provisões trabalhistas
  Tributos e contribuições sociais
  Empréstimos e financiamentos
  Outras contas a pagar

Caixa líquido gerado pelas atividades operacionais

- Fluxo de caixa das atividades de investimento
  Adições em investimentos
  Aquisição de bens do ativo imobilizado
  Acréscimos do ativo intangível
  Venda de bens do ativo imobilizado

Caixa líquido utilizado nas atividades de investimento

- Fluxo de caixa das atividades de financiamento
  Aumento do capital
  Empréstimos e financiamentos
  Pagamentos de financiamentos
  Pagamentos de dividendos
  Juros sobre o capital próprio

Caixa líquido gerado pelas atividades de financiamento

- Total dos efeitos de caixa
  Saldo atual
  Saldo anterior
  Variação do caixa (aumento ou diminuição)

Método direto

Na elaboração do fluxo de caixa pelo método direto, é feita uma descrição de entradas e saídas no disponível durante o exercício. Vejamos sua estrutura:

Demonstração do fluxo de caixa – método direto

1. Fontes geradoras de entrada de recursos:
   Recebimentos de créditos
   (+) Entrada de dinheiro proveniente de empréstimos
   (+) Dividendos recebidos de investimentos avaliados pelo custo
   (–) Pagamentos a fornecedores
   (–) Pagamentos de impostos e contribuições
   (–) Pagamentos de despesas, incluindo despesas antecipadas
   (=) Recursos derivados das operações
   (+) Recebimentos por venda de bens permanentes
   (+) Resgate de aplicações temporárias

(+) Ingresso de novos empréstimos
(+) Aporte de capital
(+) Resgate de depósitos judiciais
(+) Ingressos de outros recursos
(=) Total das entradas de recursos

2. Aplicações de recursos:
   Pagamentos de dividendos
   Aquisição de participações societárias
   Aplicações no ativo imobilizado e no intangível
   Pagamentos de empréstimos a longo prazo
   Outros pagamentos

3. Variação líquida do disponível (1 – 2)

4. (+) Saldo inicial do disponível

5. (=) Saldo final do disponível (3 + 4)

Demonstração das mutações do patrimônio líquido

Este demonstrativo possibilita conhecer as modificações ocorridas nos elementos que compõem o patrimônio líquido da empresa, bem como os fatos que as causaram.

A Lei das Sociedades por Ações permite optar por esse demonstrativo, em substituição ao demonstrativo de lucros ou prejuízos acumulados. A partir de 1985, porém, a Comissão de Valores Mobiliários tornou-o obrigatório, dispensando a demonstração dos lucros ou prejuízos acumulados.

Os diversos tipos de operações patrimoniais podem afetar ou não o patrimônio líquido.

São operações que afetam o total do patrimônio:

- acréscimo pelo lucro ou redução pelo prejuízo líquido do exercício;

- redução por dividendo;
- acréscimo por doações e subvenções para investimentos recebidos;
- acréscimo por integralização de capital;
- acréscimo pelo recebimento de valor que exceda o valor nominal das ações subscritas e integralizadas ou o preço de emissão das ações sem valor nominal;
- redução por ações próprias adquiridas ou acréscimo por sua venda;
- acréscimo ou redução por ajustes de exercícios anteriores.

Eis as operações que não afetam o total do patrimônio:

- aumento de capital com utilização de lucros e reservas;
- apropriação do lucro líquido do exercício reduzindo a conta de lucro ou prejuízo acumulado para formação de reservas, tais como reserva legal, reserva de lucros a realizar, reserva para contingência e outras;
- reversões de reservas de lucros para a conta de lucros ou prejuízos acumulados;
- compensação de prejuízos com reservas e outros.

DEMONSTRAÇÃO DAS MUTAÇÕES DO PATRIMÔNIO LÍQUIDO

Evento	Capital social	Reservas Capital	Reservas Lucro	Lucro ou prejuízo acumulado	Total
Saldo em 31.12.t1					
Aumento do capital social					
Incentivos fiscais					
Devolução de adiantamento para aumento de capital					
Realização de reservas					
Lucro líquido do exercício					
Destinação proposta à AGO:					
Reserva legal					
Juros s/ capital próprio					
Reserva para investimentos					
Saldo em 31.12.t2					

Demonstração do valor adicionado

Ao investir, buscamos agregar riqueza ao nosso patrimônio. Cada patrimônio tem capacidade de gerar riqueza num determinado período. Ao somar-se a riqueza criada pelos diversos patrimônios, tem-se o valor da riqueza total gerada. O valor adicionado ou valor agregado é representado pela riqueza criada por um patrimônio, e o somatório das importâncias agregadas representa a soma das riquezas criadas.

O produto interno bruto é obtido pelo somatório dos valores agregados gerados por todos os agentes econômicos, ou seja, pessoas físicas e jurídicas com fins lucrativos, entidades sem fins lucrativos, governo, associações, fundações e outros. A soma dos diversos valores agregados representa a riqueza gerada de um país.

A demonstração do valor adicionado indica quanto da riqueza gerada cabe a cada um dos agentes que contribuíram para sua formação, ou seja, quanto cabe aos sócios ou acionistas, aos financiadores (capital de terceiros) e aos empregados, e quanto cabe ao governo.

Do conjunto das demonstrações contábeis apresentadas não se pode inferir a parcela de riqueza criada, já que as demonstrações financeiras evidenciam, para os seus usuários, um conjunto de informações de natureza fundamentalmente econômico-financeira. A demonstração do resultado evidencia as informações no contexto de fluxo de receitas e despesas. O balanço patrimonial, assim como as demais demonstrações, evidencia o capital e o patrimônio em geral. Em síntese, segundo Silvério das Neves (2001:72):

a) a demonstração do resultado do exercício identifica apenas qual a parcela da riqueza criada que efetivamente permanece na empresa na forma de lucro; logo, não identifica as demais gerações de riquezas (valores adicionados ou agregados);

b) as demais demonstrações financeiras também não são capazes de indicar quanto de valor (riqueza) a entidade está adicionando ou agregando às mercadorias ou insumos que adquire;

c) as demonstrações mencionadas não identificam, ainda, quanto e de que forma foram distribuídos os valores adicionados ou agregados (ou seja, não identificam de que forma foram distribuídas as riquezas criadas pela empresa).

A elaboração da demonstração do valor adicionado se fará com base no saldo das contas fornecidas pela contabilidade e constantes das demonstrações publicadas. A dificuldade que o usuário externo tem para elaborar a demonstração do valor adicionado reside no fato de que as empresas não têm o hábito de apresentar a formação dos custos dos produtos e/ou serviços vendidos nem dos estoques. Para decompor os custos é preciso saber:

- qual foi o custo da matéria-prima?
- qual foi o custo da mão de obra?
- qual foi o custo dos gastos gerais de fabricação?
- deve-se também identificar a origem dos elementos utilizados no processo de formação dos custos?
- os materiais utilizados foram adquiridos no mercado ou gerados internamente?
- os serviços são de terceiros ou prestados internamente?

Em relação às despesas encontram-se as mesmas dificuldades. Como a estrutura das demonstrações sintetiza as despesas em grupos, cabe indagar:

- que elementos compõem as despesas de vendas?
- que elementos compõem as despesas administrativas?
- que elementos compõem as despesas financeiras?
- que elementos compõem outras despesas operacionais?

Vale destacar que ao valor dos insumos adquiridos de terceiros, utilizados no processo produtivo, deve-se somar o valor do ICMS e IPI, excluído na elaboração da demonstração do resultado. O valor a ser destinado ao governo, representando os custos tributários, será a diferença entre os impostos incidentes sobre as vendas e os insumos adquiridos de terceiros.

A seguir apresentamos o conjunto de elementos que compõem a demonstração do valor adicionado da empresa.

Receitas

Vendas de produtos e serviços

(–) Devolução de vendas

(–) Descontos incondicionais

Resultado não operacional

(–) *Insumos adquiridos de terceiros*

Insumos consumidos

Outros insumos adquiridos

Material e serviços de terceiros

(=) *Valor adicionado bruto*

(–) Depreciação

(=) *Valor adicionado líquido*

(+) *Valor adicionado transferido*

Receitas financeiras

Resultado da equivalência patrimonial

(=) *Valor adicionado a distribuir*

Distribuição do valor adicionado

Pessoal

Remunerações e comissões

Encargos sociais (exceto INSS)

Entidade de previdência privada

Auxílio-alimentação

Incentivo à aposentadoria e demissão voluntária
Provisão para gratificações
Convênio assistencial e outros benefícios
Participação nos resultados

Governo
INSS (sobre a folha de pagamento)
ICMS
Imposto de renda e contribuição social
Outros

Financiadores
Juros e variações cambiais
Aluguéis

Acionistas
Remuneração do capital próprio
Lucros retidos

(=) *Valor adicionado a distribuir*

Os principais critérios utilizados na elaboração da demonstração do valor adicionado são: materiais e serviços; depreciação; receita financeira e receita de equivalência patrimonial; comissões. Vejamos cada um deles separadamente.

Materiais e serviços

Os materiais e serviços apresentados logo abaixo da venda de produtos e serviços compreendem os recursos pagos a terceiros, consumidos na produção do período. São os chamados consumos intermediários, que devem ser eliminados para o cálculo do valor adicionado. Também são eliminados os outros materiais e serviços que, nesse caso, estão representados pelas despesas administrativas e outras despesas com vendas.

Depreciação

No modelo apresentado, trabalha-se com o conceito de valor adicionado "líquido", pois considera-se a depreciação custo externo.

Receita financeira e receita de equivalência patrimonial

Apresenta-se o valor adicionado total dos negócios da empresa, representado pelo valor adicionado decorrente da atividade produtiva (no seu conceito mais original), pela riqueza transferida por terceiros.

Comissões

As comissões sobre as vendas são consideradas transações finais para a empresa e, portanto, classificadas como distribuição do valor adicionado para os empregados.

Notas explicativas

As demonstrações serão completadas por notas explicativas e outros quadros analíticos ou demonstrações contábeis necessários ao esclarecimento da situação patrimonial e dos resultados do exercício. Trata-se de informações complementares às demonstrações financeiras, tendo por objetivo melhorar a sua qualidade e ajudar o usuário a tomar suas decisões.

O rol de notas explicativas vigentes, que elimina a necessidade de divulgar outras informações relevantes aqui contempladas (divulgação espontânea), compreende:

- ações em tesouraria;
- ágio/deságio;

- ajustes de exercícios anteriores;
- alteração de método ou critério contábil;
- ativo contingente;
- capacidade ociosa;
- capital social;
- capital social autorizado;
- continuidade normal dos negócios;
- critérios de avaliação;
- debêntures;
- demonstrações em moeda de capacidade aquisitiva constante;
- demonstrações condensadas;
- demonstrações contábeis consolidadas;
- destinação de lucros constantes em acordo de acionistas;
- dividendo por ação;
- dividendos propostos;
- empreendimentos em fase de implantação;
- equivalência patrimonial;
- estoques;
- eventos subsequentes;
- fundo imobiliário;
- imposto de renda e contribuição social;
- incorporação, fusão e cisão;
- instrumentos financeiros;
- investimentos societários no exterior;
- juros sobre o capital próprio;
- lucro ou prejuízo por ação;
- obrigações de longo prazo;
- ônus, garantias e responsabilidades eventuais e contingentes;
- opções de compras de ações;
- plano de aposentadoria e pensão;
- programa de desestatização;
- provisão para crédito de liquidação duvidosa;
- refis;

- remuneração dos administradores;
- reservas — detalhamento;
- reserva de lucros a realizar;
- retenção de lucros;
- seguros;
- transações com partes relacionadas;
- variação cambial;
- vendas ou serviços a realizar;
- voto múltiplo.

Relatório da administração

Tal relatório tem por objetivo fornecer dados e informações complementares para que os usuários possam melhor compreender a entidade e assim tomar suas decisões com maior fundamentação.

Os administradores deverão prestar informações anualmente sobre as demonstrações contábeis que estão sendo divulgadas aos acionistas nesse relatório, contendo os negócios sociais e os principais fatos administrativos do exercício findo (art. 133 da Lei nº 6.404/76).

Modelo de relatório da administração

Senhoras e senhores acionistas:

Apresentamos, a seguir, relatório das principais atividades no exercício de 2001, juntamente com as demonstrações contábeis elaboradas pela legislação societária, em moeda de capacidade aquisitiva constante, acrescidas de demonstrativos complementares e anexos que consideramos importantes para mostrar o desempenho da nossa Companhia para a sociedade, parceiros, investidores e clientes.

continua

Poderemos comentar sobre:

Cenário

Tecnologia da informação

Consultoria e serviços, pesquisa e desenvolvimento

Novos negócios e parcerias

Desempenho econômico-financeiro

Agradecimentos

Registramos nossos agradecimentos aos membros do Conselho de Administração e do Conselho Fiscal pelo apoio prestado ao debate e encaminhamento das questões de maior interesse da Companhia. Nosso reconhecimento à dedicação e ao empenho do quadro funcional, extensivamente a todos os demais que, direta ou indiretamente, contribuíram para o cumprimento da missão da Companhia.

Parecer dos auditores

Trata-se aqui de emitir um parecer independente dos diretores e funcionários da empresa sobre as demonstrações financeiras auditadas.

O parecer dos auditores pode ser apresentado de quatro formas diferentes:

- com ressalva;
- sem ressalva;
- adverso;
- negativa de opinião.

Modelo de parecer dos auditores independentes

Ao Conselho de Administração e acionistas da Companhia:

1. Examinamos os balanços patrimoniais da Companhia levantados em 31 de dezembro de 2001 e 2000, apresentados sob os títulos legis-

continua

lação societária e em moeda de capacidade aquisitiva constante, bem como as respectivas demonstrações de resultado, das mutações do patrimônio líquido e das origens e aplicações de recursos correspondentes aos anos findos naquelas datas, elaborados sob a responsabilidade de sua administração. Nossa responsabilidade é expressar uma opinião sobre essas demonstrações contábeis.

2. Nossos exames foram conduzidos de acordo com as normas brasileiras de auditoria e compreenderam: a) o planejamento dos trabalhos, considerando a relevância dos saldos, o volume das transações e os sistemas contábeis e os controles internos da Companhia; b) a constatação, com base em testes, das evidências e dos registros que suportam os valores e as informações contábeis divulgados; c) a avaliação das práticas e das estimativas contábeis mais representativas adotadas pela administração da Companhia, bem como das demonstrações contábeis tomadas em conjunto.
3. Em nossa opinião, as demonstrações contábeis pela legislação societária, mencionadas no primeiro parágrafo, representam adequadamente, em todos os aspectos relevantes, a posição patrimonial e financeira da Companhia em 31 de dezembro de 2001 e 2000, o resultado de suas operações, as mutações de seu patrimônio líquido e as origens e aplicações de recursos referentes aos anos findos naquelas datas, de acordo com as práticas contábeis emanadas da legislação societária brasileira.
4. A nosso ver, as demonstrações contábeis em moeda de capacidade aquisitiva constante, mencionadas no primeiro parágrafo, refletem adequadamente, em todos os aspectos relevantes, a posição patrimonial e financeira da Companhia em 31 de dezembro de 2001 e 2000, o resultado de suas operações, as mutações do seu patrimônio líquido e as origens e aplicações de recursos referentes aos anos findos naquelas datas, de acordo com os princípios fundamentais de contabilidade aplicados no Brasil.
5. As informações suplementares contidas nos quadros (...), referentes às demonstrações do fluxo de caixa e do valor adicionado, visam permitir análises adicionais e não são requeridas como parte das

continua

demonstrações contábeis básicas. Essas informações foram por nós examinadas de acordo com os procedimentos de auditoria mencionados no segundo parágrafo e, em nossa opinião, estão adequadamente apresentadas, em todos os aspectos relevantes, em relação às demonstrações contábeis tomadas em conjunto.

Rio de Janeiro,

Dados dos responsáveis pela auditoria.

3

Participações societárias e variações do patrimônio líquido

Os relatórios contábeis são importantes para o processo de tomada de decisão porque evidenciam as modificações ocorridas no patrimônio da empresa em virtude das ações por ela empreendidas. Isto posto, abordaremos neste capítulo os principais fatores que modificam o patrimônio líquido (PL), tais como o lucro obtido com a venda de bens e serviços, os novos investimentos feitos pelos acionistas e as participações societárias e seu impacto no resultado.

Nos capítulos anteriores, relativos à estrutura conceitual e às demonstrações contábeis, você deve ter observado que o balanço patrimonial evidencia a situação patrimonial (bens, direitos e obrigações) e financeira da empresa, isto é, a capacidade de pagamento da entidade. Por outro lado, o balanço patrimonial reflete também a situação econômica da empresa. Uma forma de avaliá-la é observar o patrimônio líquido e sua variação.

A seguir examinaremos os investimentos permanentes em ações de outras empresas e o critério utilizado para sua avaliação tendo em vista as alterações provenientes da Lei nº 11.368/07, uma vez que o resultado decorrente das participações societárias influencia o valor do patrimônio líquido.

Participações societárias

Participações societárias são os investimentos efetuados por uma sociedade (denominada investidora) na aquisição de ações ou cotas do capital de outra pessoa jurídica (denominada investida). Tais investimentos denominam-se permanentes porque são aquisições com a intenção de continuidade, representando, portanto, uma extensão da atividade econômica da investidora. Em virtude de sua característica de permanência na empresa, são classificados no ativo permanente.

Para que você tenha uma noção mais abrangente dos investimentos societários, mostraremos a seguir algumas conceituações referentes às empresas investidas, isto é, a coligada e a controlada.

Coligada

A empresa participa com 10% ou mais do capital social da sociedade investida até o ponto de não exercer o controle. É interessante notar que a nossa legislação menciona essa percentagem de participação, abrangendo participação em ações ou cotas com ou sem direito a voto, preferenciais ou ordinárias, com ou sem direito a participação na administração. Numa empresa não controlada que represente menos que 10% do capital da sociedade investida, cada participação societária estará automaticamente no grupo das avaliadas ao custo, sem ter a obrigatoriedade de ser avaliada por equivalência patrimonial.

Controlada

A empresa investidora, direta ou indiretamente, através de outras sociedades controladas, é titular de direitos de sócio que lhe assegurem, de modo permanente, preponderância nas deliberações sociais e poder de eleger a maioria dos administradores. Normalmente existe a controlada quando a investidora possui mais de 50% de suas ações ou cotas com direito a voto. Pode ser, todavia, que uma sociedade possua menos da metade das ações ou cotas com direito a voto e tenha poder para eleger a maioria dos administradores e mandar na investida. Isso pode ocorrer numa participação de sociedade por cotas de responsabilidade limitada em função de cláusula contratual ou acordo de acionistas, ou, ainda, no caso de uma S.A., se as demais ações com direito a voto estiverem tão pulverizadas no mercado que se torne quase impossível a perda de controle por parte da investidora.

Evidenciação de participações societárias

As participações societárias que tenham finalidade de aplicação de capital não especulativo classificam-se como investimentos de caráter permanente. Conforme o art. 179 da Lei das Sociedades por Ações (Lei nº 6.404/76 e mantido sem alteração na Lei nº 11.638/07), classificam-se como investimentos no ativo permanente as participações permanentes em outras sociedades e os direitos de qualquer natureza não classificáveis no ativo circulante e que não se destinem à manutenção da atividade da companhia ou da empresa.

Além das participações societárias, outros ativos, sem destinação temporária específica, podem ser classificados em investimentos, como, por exemplo, terrenos, móveis, obras de arte e outros.

Critérios de avaliação

A avaliação dos investimentos no balanço patrimonial segue o critério do custo de aquisição, por meio do qual as ações ou cotas de capital social serão mantidas por seu valor histórico, ou seja, por quanto a companhia pagou para adquiri-las, ou por meio do método equivalência patrimonial, no qual o custo histórico das participações societárias será ajustado de modo a refletir os resultados e quaisquer variações patrimoniais ocorridas na sociedade investida.

Todavia, de acordo com o novo art. 248, da Lei nº 11.638/07, os critérios para fins de avaliação de investimentos pelo método da equivalência patrimonial foram alterados. De acordo com a nova legislação, o método da equivalência patrimonial deverá ser aplicado a todas as coligadas nas quais a companhia tenha influência significativa na administração, ou de que participe com mais de 20% do capital votante em controladas e em outras sociedades que façam parte de um mesmo grupo ou estejam sob seu controle comum. Em resumo, além de excluir o critério de relevância nas avaliações com base no método da equivalência patrimonial, a nova lei estabelece que existe a presunção de influência significativa quando a participação for de 20% ou mais do capital votante, ao contrário do disposto na lei original que estabeleceu como parâmetro o capital total (art. 248).

O método do custo para avaliação de investimento em companhias coligadas ainda poderá ser usado para todas as coligadas nas quais a companhia não tenha influência significativa na administração, ou de que participe com mais de 20% do capital votante em controladas e em outras sociedades que façam parte de um mesmo grupo ou estejam sob seu controle comum.

Para melhor juízo, vale a pena considerar a redação apresentada pela Lei nº 11.638/07, no seu art. 248:

> No balanço patrimonial da companhia, os investimentos em coligadas sobre cuja administração tenha influência significativa, ou de que participe com 20% (vinte por cento) ou mais do capi-

tal votante, em controladas e em outras sociedades que façam parte de um mesmo grupo ou estejam sob controle comum, serão avaliados pelo método da equivalência patrimonial, de acordo com as seguintes normas:

I- O valor do patrimônio líquido da coligada ou da controlada será determinado com base em balanço patrimonial ou balancete de verificação levantado, com observância das normas desta lei, na mesma data, ou até 60 (sessenta) dias, no máximo, antes da data do balanço da companhia; no valor do patrimônio líquido não serão computados os resultados não realizados decorrentes de negócios com a companhia, ou com outras sociedades coligadas à companhia, ou por ela controladas;
II- O valor do investimento será determinado mediante aplicação, sobre o valor do patrimônio líquido referido no número anterior, da porcentagem de participação no capital da coligada ou controlada;
III- A diferença entre o valor do investimento, de acordo com o número II, e o custo de aquisição corrigido monetariamente, somente será registrada como resultado do exercício:
a. Se decorrer do lucro ou prejuízo apurado na coligada ou controlada;
b. Se corresponder, comprovadamente, a ganhos e perdas efetivos;
c. No caso da companhia aberta, com observância das normas expedidas pela Comissão de Valores Mobiliários — CVM.
§1º Para efeito de determinar a relevância do investimento, nos casos deste artigo, serão computados como parte do custo de aquisição os saldos de créditos da companhia contra as coligadas e controladas.
§2º A sociedade coligada, sempre que solicitada pela companhia, deverá elaborar e fornecer o balanço ou balancete de verificação previsto no inciso I.

Segundo Braga e Almeida (2009:138), as alterações introduzidas pelo art. 248 são:

a. Foi eliminada a exigência de relevância para fins de avaliação de investimentos pelo método de equivalência patrimonial;
b. Foi adicionada a expressão "influência significativa" (anteriormente havia somente a palavra "influência"). Segundo as normas internacionais de contabilidade (IAS 38), presume-se que há influência significativa quando a investidora possui participação, direta ou indiretamente, maior do que 20% do capital votante da companhia investida.
c. No caso de investimentos em sociedades coligadas, para fins de avaliação pelo método de equivalência patrimonial, a participação de 20% ou mais do capital social foi substituída pela participação de 20% ou mais do capital votante. Essa alteração está em linha com as normas internacionais de contabilidade (IASD 28).
d. Foi incluída a expressão "em outras sociedades que façam parte do mesmo grupo ou que estejam sob controle comum". Isso significa que esses investimentos, mesmo que não atinjam o percentual de ações ordinárias para classificá-los como coligadas, serão avaliados pelo método de equivalência patrimonial.

Vimos até agora as participações societárias e os aspectos que modificam a estrutura patrimonial da empresa. A seguir, trataremos das variações ocorridas no patrimônio líquido, dando ênfase aos fatores que compõem o resultado do exercício.

Para melhor compreensão, apresentamos os diversos grupos de contas que compõem o patrimônio líquido.

Patrimônio líquido e sua composição

O patrimônio líquido definido de maneira simples é a diferença entre o ativo e o passivo exigível de uma entidade, compondo-se dos valores líquidos dos acionistas ou proprietários da entidade.

Pela teoria da entidade contábil, o patrimônio líquido de uma empresa pertence à empresa, e não aos proprietários, exceto a parte do lucro que é distribuída (dividendos). Essa teoria pressupõe, evidentemente, uma entidade em continuidade, pois na hipótese de descontinuidade o patrimônio líquido pertenceria aos sócios.

Evidenciado no balanço patrimonial, o patrimônio líquido constitui-se basicamente dos seguintes grupos:

- capital social constituído pelos sócios (efetivamente integralizado);
- reservas de capital;
- reservas de lucros;
- reservas de incentivos fiscais;
- lucros ou prejuízos acumulados.

Capital social

Corresponde a todo o investimento realizado na empresa pelos sócios ou acionistas, incluindo o capital inicial e a integralização de novos recursos, bem como a parte do lucro e outras reservas não distribuídas e incorporadas ao capital em virtude de decisões dos sócios. De acordo com o art. 182 da Lei nº 6.404/76, a conta do capital social discriminará o montante subscrito e, por dedução, a parcela ainda não realizada. Capital subscrito é aquele prometido pelos acionistas. No momento em que os acionistas entregam à empresa as parcelas prometidas em bens ou direitos, tem-se a realização ou integralização do capital.

Vale ainda ressaltar as ações em tesouraria. Em determinado momento, a empresa poderá efetuar compra de suas próprias ações. O registro contábil das ações que foram adquiridas pela própria empresa, ou seja, ações em tesouraria, será lançado como dedução do patrimônio líquido.

Reservas de capital

São as que não se originam do resultado do exercício, isto é, não são apuradas e, portanto, não transitam pela demonstração de resultado do exercício. As reservas de capital não decorrem das operações da companhia, mas de operações como o ágio na emissão de ações. A Lei nº 11.638/07 revogou expressamente a possibilidade de classificação, como reserva de capital, das contas que registravam prêmio na emissão de debêntures e também aquelas resultantes de doações e subvenções para investimentos (veja a seguir a destinação de parcela do lucro decorrente de doações ou subvenções governamentais à conta de reserva de incentivos fiscais).

Ressalta-se que o prêmio recebido na emissão de debêntures normalmente faz parte das condições da sua negociação, em função da atratividade desse papel ou da sua precificação, como, por exemplo, a fixação de taxa de juros acima da média do mercado. Nesse caso, o prêmio recebido configura uma receita não realizada, que deveria ser classificada como resultado de exercício futuro, para apropriação ao resultado em função do prazo das debêntures e do reconhecimento também no resultado das despesas de juros. Ele corresponde, economicamente, a uma redução da taxa efetiva de juros dessa dívida. A nova lei veio, dessa forma, corrigir uma distorção contábil contida na lei societária.

Reservas de reavaliação

A reserva de reavaliação foi eliminada, tendo sido excluída a possibilidade das sociedades anônimas efetuarem reavaliações espontâneas do seu ativo imobilizado. Ao dar nova redação à letra *d* do §2º do art. 178, ao §3º do art. 182 e ao revogar o §2º do art. 187, a Lei nº 11.638/07 eliminou a possibilidade de as sociedades por ações efetuarem reavaliações espontâneas do seu ativo imobilizado. A nova lei deu a opção às companhias de manterem os saldos existentes dessa reserva, que deverão ser realizados de acordo com as regras atuais (no caso das companhias abertas, nos termos da Deliberação CVM nº 183) ou de estornarem esses saldos até o final do exercício social em que a lei entrou em vigor, ou seja, até o final do exercício de 2008.

Reservas de lucros

Consiste na retenção de parte do lucro com finalidade específica. O objetivo de constituí-las é evidenciar as parcelas de lucros ainda não realizada financeiramente, apesar de contábil e economicamente realizada. Com a alteração realizada pela Lei nº 11.638/07 no art. 199 da Lei das S.A., o saldo das reservas de lucros não poderá ultrapassar o valor do capital social e, uma vez atingido esse limite, tal valor deverá ser distribuído como dividendos aos acionistas ou utilizado para integralização ou aumento de capital da companhia, exceto nos montantes aplicáveis às contingências de lucros a realizar e contingências de incentivos fiscais.

As reservas de lucros são discriminadas a seguir.

Reserva legal

Do lucro líquido do exercício, 5% serão aplicados, antes de qualquer outra destinação, na constituição de reserva legal, que não poderá exceder a 20% do capital social. A reserva legal tem por finalidade assegurar a integridade do capital social e somente poderá ser utilizada para compensar prejuízos ou aumentar o capital. Vale ressaltar os seguintes parágrafos do art. 182:

> §1º A companhia poderá deixar de constituir a reserva legal no exercício em que o saldo dessa reserva, acrescido do montante das reservas de capital de que trata o §1º do art. 182, exceder de 30% (trinta por cento) do capital social.
> §2º A reserva legal tem por fim assegurar a integridade do capital social e somente poderá ser utilizada para compensar prejuízos ou aumentar o capital.

Reservas estatutárias

O estatuto poderá criar reservas desde que, para cada uma:

- indique, de modo preciso e completo, a sua finalidade;
- fixe os critérios para determinar a parcela anual dos lucros líquidos que não será destinada à sua constituição;
- estabeleça o limite máximo da reserva.

Reserva para contingências

A assembleia geral dos acionistas poderá destinar parte do lucro líquido à formação de reserva com a finalidade de compensar, em exercício futuro, a diminuição do lucro decorrente de perda julgada provável e cujo valor se possa estimar. A reserva será revertida no exercício em que deixarem de existir as razões que justificaram a sua constituição. Note-se que, na constituição dessa reserva, o fato gerador ainda não ocorreu, o que a distingue de provisão para contingências.

Reserva de lucros a realizar

Tal reserva evidencia a parcela de lucros não realizada financeiramente. Seu objetivo é evitar a distribuição de dividendos sobre essa parcela. Entretanto, a nova lei alterou o art. 197 da Lei das S.A., para dispor que os lucros, rendimentos ou ganhos líquidos em operações ou contabilização de ativo e passivo pelo valor de mercado, cujo prazo de realização financeira ocorra após o término do exercício social seguinte, deverão ser considerados para o cálculo da parcela do lucro realizado.

Reservas de lucros para expansão

Essa reserva visa atender aos projetos de investimentos da companhia, conforme disposto no art. 196 da Lei nº 6.404/76. A retenção deverá ser justificada, proposta pela administração e aprovada em assembleia geral.

Reserva especial para dividendo obrigatório não distribuído

Essa reserva é constituída para que a empresa possa vir a pagar no futuro os dividendos que deixou de distribuir por falta de condições financeiras.

Reservas de incentivos fiscais

De acordo com o art. 195-A, da nova norma da lei societária: "A assembleia geral poderá, por proposta dos órgãos de administração, destinar para a reserva de incentivos fiscais a parcela do lucro líquido decorrente de doações ou subvenções governamentais para investimentos, que poderá ser excluída da base de cálculo do dividendo obrigatório (inciso I do *caput* do art. 202 desta lei)".

A criação dessa reserva visa possibilitar que as companhias abertas possam, a partir de regulação da CVM, registrar as doações e subvenções para investimento não mais como reserva de capital, e sim no resultado do exercício (de imediato ou em bases diferidas como mencionado acima), como estabelece a norma internacional. Para que a companhia não corra o risco de perder o benefício fiscal da subvenção, está sendo previsto que a parcela do lucro líquido que contiver esse benefício fiscal possa ser destinada para essa reserva e excluída da base de cálculo do dividendo obrigatório (art. 2º).

A nova redação do art. 199 da nova norma contábil determina que o saldo da reserva de incentivos fiscais não será considerado no calculo de excesso de lucros em relação ao capital social da entidade. Pela antiga sistemática também não, já que essas transações eram contabilizadas como reserva de capital (Braga e Almeida, 2009).

Lucros ou prejuízos acumulados

Abrangiam os lucros ainda não distribuídos ou destinados. Entretanto, com base na Lei nº 10.303, de outubro de 2001, que em seu art. 197 diz que no exercício em que o montante do dividendo obrigatório, calculado nos termos do estatuto ou do art. 202, ultrapassar a parcela realizada do lucro líquido do exercício, a assembleia geral poderá, por proposta dos órgãos de administração, destinar o excesso à constituição de reserva de lucros a realizar. Todavia, conforme ressaltado no §2º, a reserva de lucros a realizar somente poderá ser utilizada para pagamento do dividendo obrigatório e, para efeito do inciso III do art. 202, onde consta que os lucros registrados na reserva de lucros a realizar, quando realizados e se não tiverem sido absorvidos por prejuízos em exercícios subsequentes, deverão ser acrescidos ao primeiro dividendo declarado após a realização. Em suma, o lucro líquido do período deverá ser distribuído sobre a forma de dividendos e retido na conta de reserva de lucros e não mais na conta lucros ou prejuízos acumulados.

Fatores que modificam o patrimônio líquido

Em que pese à grande dependência dos recursos provenientes do mercado de capitais, é inegável que a principal fonte de financiamento do patrimônio líquido é o lucro. A cada exercício social a empresa apurará o resultado das operações. Esse resultado é calculado pela diferença entre receitas e despesas, podendo ser lucro ou prejuízo. A parcela retida do resultado e enviada para o patrimônio líquido, inicialmente para a conta lucros e prejuízos acumulados, é que fortalecerá o patrimônio líquido.

À medida que a empresa obtém bons resultados, a situação econômica se fortalece. Assim, a constante obtenção de lucro contribui para uma situação econômica mais sólida. De modo inverso, o prejuízo enfraquece a situação econômica. Note-se que a parcela do lucro não distribuída aos proprietários e retida na empresa é que de fato fortalece a situação econômica.

Por outro lado, o patrimônio líquido pode também ser acrescido com novos investimentos de capital quando a situação econômica (e mesmo a situação financeira) exigir dos sócios uma intervenção a fim de equilibrá-la.

Em suma, eis as principais causas de variação do patrimônio líquido:

- investimento inicial de capital feito pelos sócios e seus aumentos posteriores ou desinvestimentos feitos pela entidade; note-se, todavia, que a saída do acionista da entidade obedece a prazos e regras em conformidade com a legislação em vigor;

- o resultado obtido do confronto entre contas de receitas e despesas dentro do período contábil.

Lucros, ganhos e perdas e as variações do patrimônio líquido

Toda empresa deve fazer a apuração de resultados pelo menos uma vez por ano. O lucro ou o prejuízo de um exercício depende do confronto das contas de receita e de despesa, e esse resultado líquido é apurado na conta denominada resultado.

Ocorrendo lucro ou prejuízo, o resultado apurado será transferido para a conta lucros ou prejuízos acumulados no balanço patrimonial. Vale observar que, embora o resultado seja apurado à parte do balanço, toda a operação com receitas e despesas é refletida no balanço patrimonial. Assim, pode-se conhecer a situação econômica da empresa observando o seu patrimônio líquido e sua variação.

Note-se que as variações do patrimônio líquido não derivam apenas dos lucros resultantes de receitas e despesas, mas também de ganhos e perdas. Tem havido alguma confusão no que diz respeito à definição de ganhos e receitas. Para melhor compreender esses dois conceitos, vale relembrar a sua origem. Os ganhos representam itens não recorrentes que têm o mesmo efeito sobre o patrimônio líquido, mas que podem ou não surgir na atividade normal de uma empresa, ao passo que a receita sempre advém direta ou indiretamente da atividade normal da empresa, que é gerar produtos ou serviços. O ganho, portanto, resulta de uma transação ou evento esporádico que provavelmente não acontecerá no futuro.

Segundo Iudícibus e Marion (1999), no Brasil costuma-se usar tanto o termo receita, que pode ser operacional ou não, quanto ganhos. Estes últimos são normalmente englobados entre as receitas não operacionais, o que é conceitualmente incorreto, uma vez que ganho e receita têm origens diferentes.

Ocorre, porém, que os ganhos normalmente afetam o patrimônio líquido sem transitar pela demonstração de resultados, como é o caso, por exemplo, das doações de bens. Quando são evidenciados na demonstração de resultados, os ganhos vêm junto com as receitas não operacionais.

Já as perdas referem-se a itens que afetam o patrimônio líquido e que também podem ou não advir das atividades normais da empresa. Normalmente decorrem de uma situação anormal e involuntária (um incêndio, por exemplo). Quando são evidenciadas na demonstração de resultados, as perdas vêm junto com as receitas não operacionais, como vemos a seguir:

Receita bruta
(–) Deduções
= Receita operacional líquida
(–) Custo das vendas
= Resultado bruto
(–) Despesas operacionais
= Resultado operacional
(+) ou (–) Receitas e despesas não operacionais (incluindo ganhos e perdas)
= Resultado antes do imposto de renda e contribuição social
(–) Imposto de renda e contribuição social
= Resultado líquido

Observe-se que os eventos originados do ganho ou as receitas não operacionais acabam influenciando não apenas o resultado, mas também o relatório da análise das demonstrações financeiras, pois ambos afetam a qualidade do lucro. Segundo Stickney e Weil (2001), é necessário avaliar os componentes do lucro de forma a eliminar possíveis vieses introduzidos pela administração da empresa na evidenciação do resultado. Para esses autores, as empresas podem querer dar a entender que os lucros altos são recorrentes e operacionais e que os prejuízos não são recorrentes, mas derivam de fatores externos. Portanto, os analistas devem averiguar se o lucro resulta de uma atividade rotineira ou de uma transação ou evento esporádico que provavelmente não acontecerá no futuro. Ou, ainda, se o lucro resulta de uma atividade operacional ou de uma atividade periférica à atividade principal (venda de um item imobilizado).

A variação do patrimônio líquido e a situação financeira e econômica

Os relatórios contábeis são importantes para o processo de tomada de decisão porque evidenciam as modificações ocorridas na situação patrimonial da empresa em virtude das ações empreendidas.

Note-se que tanto o balanço patrimonial quanto a demonstração do resultado do exercício evidenciam as alterações na situação econômica e financeira da empresa decorrentes de uma série de fatores que podem estar ou não vinculados ao processo de decisão.

Supondo, por exemplo, que haja um aumento nas vendas, isso acarretaria uma modificação no capital de giro, assim como no resultado do exercício. Portanto, seria possível identificar, através das demonstrações contábeis — em especial o balanço patrimonial e a demonstração de resultado —, as alterações mencionadas.

Ajustes de avaliação patrimonial

De acordo com a Lei nº 11.638/2007, art. 182, §3º, serão classificadas como ajustes de avaliação patrimonial, enquanto não computadas no resultado do exercício em obediência ao regime de competência, as contrapartidas de aumentos ou diminuições de valor atribuído a elementos do ativo (§5º do art. 177, inciso I do *caput* do art. 183 e §3º do art. 226 desta lei) e do passivo, em decorrência da sua avaliação a preço de mercado.

Para melhor juízo, ressalta-se que no §5º do art. 177 consta que as normas expedidas pela Comissão de Valores Mobiliários a que se refere o §3º do citado artigo deverão ser elaboradas em consonância com os padrões internacionais de contabilidade adotados nos principais mercados de valores mobiliários.

No tocante ao inciso I, consta que as aplicações em instrumentos financeiros, inclusive derivativos, e em direitos e títulos de créditos, classificados no circulante ou no realizável a curto prazo, serão registradas:

a. Pelo valor de mercado ou valor equivalente, quando se tratar de aplicações destinadas à negociação ou disponíveis para venda;
b. Pelo valor de custo de aquisição ou valor de emissão, atualizado conforme disposições legais ou contratuais, ajustado ao valor provável de realização, quando este for inferior, no caso das demais aplicações *e os direitos de títulos de créditos.*

Com relação ao §3º do art. 226, este descreve que "nas operações referidas no *caput* deste artigo, realizadas entre as partes independentes e vinculadas à efetiva transferência de controle, os ativos e passivos da sociedade a ser incorporada ou decorrente da fusão ou cisão serão contabilizados pelo seu valor de mercado".

4

Análise econômico-financeira

O objetivo deste capítulo é mostrar as técnicas utilizadas para analisar a situação econômico-financeira das empresas. Espera-se que, ao término da leitura, tendo reconhecido a importância das informações contábeis contidas nos relatórios econômicos e financeiros, o leitor seja capaz de aplicar os principais critérios de análise para elaborar um parecer técnico sobre o desempenho econômico, financeiro e operacional de uma empresa.

Como já foi dito, o principal objetivo da contabilidade é fornecer aos usuários as informações contábeis necessárias para o processo de tomada de decisões. Tais informações se encontram nos relatórios que compõem as demonstrações contábeis. No segundo capítulo, vimos que compõem as demonstrações contábeis o balanço patrimonial, a demonstração do resultado do exercício, a demonstração das mutações do patrimônio líquido, a demonstração do fluxo de caixa, a demonstração do valor adicionado e, por último, as notas explicativas. No terceiro capítulo, mostramos como se avaliam os investimentos societários em outras empresas (subsidiárias) e as principais variações que afetam o patrimônio líquido das entidades. De posse desses dados, pode-se finalmente analisar a situação econômico-financeira das empresas.

Tal análise se faz de acordo com o interesse do usuário da informação contábil e financeira. Do ponto de vista da empresa, os usuários das demonstrações contábeis dividem-se em dois grupos: internos e externos. Os usuários internos são os responsáveis pela gestão da empresa; portanto, são os executivos intimamente relacionados com o processo decisório da organização. Os usuários externos são os prestadores de serviços, os bancos, os clientes, os concorrentes etc.

Basicamente, trata-se de instruir o processo decisório com informações sobre a saúde financeira, a estrutura de captação de recursos, a lucratividade, a rentabilidade e o desempenho operacional da empresa. Eis os principais interessados na análise das demonstrações contábeis:

- sócios/acionistas — extraem da análise das demonstrações financeiras os dados necessários para acompanhar o poder de solvência e a lucratividade da empresa, além de comparar o desempenho global com o de exercícios anteriores;
- fornecedores — pelo fato de negociarem o fornecimento de mercadorias e serviços, precisam tomar conhecimento da estrutura patrimonial de seus clientes, a fim de viabilizar seus créditos com maior segurança, fundamentalmente por meio da análise de liquidez;
- instituições financeiras — necessitam conhecer a estrutura patrimonial da empresa, para obter maior segurança nas operações de financiamento, além de desconto de duplicatas e outras operações financeiras;
- clientes — necessitam conhecer a situação econômico-financeira de seus fornecedores para garantir o fornecimento dos bens e serviços adquiridos, bem como os prazos a serem cumpridos.

Para que o processo de análise alcance o resultado desejado, é fundamental que as informações sejam fornecidas de acordo com as normas da contabilidade e da legislação em vigor, o que lhes garante maior confiabilidade. Nesse sentido, o parecer dos auditores independentes cumpre papel importante, sendo obrigatório, de acordo com a legislação em vigor, para as empresas de grande porte. Nele os auditores atestam a fidedignidade das informações contidas nas demonstrações contábeis, verificam os controles internos da empresa, conferem conciliações contábeis e saldos com clientes, fornecedores e bancos.

O relatório elaborado pela diretoria também é importante, pois é nesse documento que ela informa os acionistas sobre os diversos aspectos do desempenho da sociedade, tais como estratégias de vendas, compras, expansão, produtos, política financeira, recursos humanos, resultados atingidos e estimativas globais. Em suma, esse relatório contém todas as informações julgadas relevantes para o processo de análise econômico-financeira da companhia.

A análise econômico-financeira deve tomar por base os seguintes itens:

- balanço patrimonial (BP);
- demonstração do resultado do exercício (DRE);
- demonstração das mutações do patrimônio líquido (DMPL);
- demonstração do fluxo de caixa (DFCX);
- demonstração do valor adicionado (DVA);
- notas explicativas;
- relatório da administração;
- parecer dos auditores independentes.

As notas explicativas contêm informações que complementam as demonstrações contábeis, como, por exemplo, critérios contábeis de avaliação de investimentos, avaliação e mensuração de estoques, métodos de depreciação, taxas de juros, garantias prestadas a terceiros, características das ações que compõem o capital social e eventos subsequentes à data do balanço que possam ter reflexos na situação da entidade.

Para efeito de análise, as demonstrações contábeis e informações complementares devem ser ajustadas e padronizadas, especialmente aquelas referentes a duplicatas descontadas, empréstimos a interligadas e empréstimos de diretores e/ou interligadas. Eis como proceder em cada um dos casos a seguir.

- *Duplicatas descontadas* — transferir do ativo circulante para o passivo circulante, visto que representam uma obrigação na modalidade de empréstimo, servindo as duplicatas de garantia. A reclassificação permite analisar melhor as fontes de recursos utilizadas pela empresa.
- *Empréstimos a interligadas* — quando aparecerem no ativo circulante, devem ser reclassificados no realizável a longo prazo. Esses valores até podem retornar à empresa no curto prazo, mas, como os devedores exercem influência decisiva sobre a credora, normalmente esses empréstimos não têm data para ser liquidados. Aliás, a Lei nº 6.404/76 determina que os negócios realizados com partes relacionadas (empresas interligadas, diretores, sócios etc.), quando não fazem parte das atividades normais da empresa, devem ser classificados no realizável a longo prazo.
- *Empréstimos de diretores e/ou interligadas* — quando figurarem no passivo não circulante, deverão ser reclassificados no passivo circulante. Esse caso é o oposto do anterior. Os recursos que a empresa capta de diretores ou empresas coligadas, a título de empréstimo, podem ser exigidos a qualquer momento. Por isso, por questão de prudência, deve-se reclassificá-los para o passivo circulante.

Além desses ajustes, as contas do ativo e do passivo circulantes são classificadas em dois grupos: financeiro e cíclico.

O ativo circulante financeiro envolve os itens que representam disponibilidades (caixa e bancos) e aplicações financeiras.

O passivo circulante financeiro abrange as contas representativas de dívidas a curto prazo que não fazem parte das atividades diárias da empresa. Normalmente estão sujeitas a juros (empréstimos bancários, duplicatas descontadas, impostos renegociados, imposto de renda a recolher).

O ativo circulante cíclico ou operacional compreende as aplicações de recursos em contas que estejam relacionadas com as atividades de compra, transformação e venda. Ou seja, está relacionado com o ciclo operacional da empresa (clientes, duplicatas a receber, estoques, adiantamento a fornecedores etc.).

O passivo circulante cíclico ou operacional engloba as contas que identificam os financiadores normais da atividade da empresa, constituindo fontes espontâneas de recursos (fornecedores, salários e encargos a pagar, impostos sobre vendas a recolher).

A análise econômico-financeira deve ser assim discriminada: a análise econômica considera o patrimônio líquido num enfoque estático, e o lucro ou prejuízo, num enfoque dinâmico. Já a análise financeira considera o capital de giro como forma de a empresa saldar suas dívidas, ou seja, verifica sua capacidade de pagamento, bem como a estrutura de captação de recursos e a concentração do endividamento.

Capital de giro

Em se tratando de análise financeira, convém mencionar a análise do capital de giro ou *working capital*. Na prática, faz-se uma grande confusão entre capital circulante líquido e capital de giro. O capital circulante líquido representa a folga ou escassez de recursos de uma organização a curto prazo, ou seja, o "grande caixa" da organização, demonstrado pela diferença entre o ativo circulante e o passivo circulante. Caso o capital circulante seja positivo, indica a disponibilidade para a organização de saldar suas dívidas em até um ano; se, no entanto, for negativo, ele representará uma situação contrária no mesmo período de tempo. Em condições normais, quanto maior for o montante do capital circulante líquido, melhor será a posição financeira da organização no período em questão. O capital circulante líquido significa uma medida de liquidez, ou seja, a capacidade de possuir ativos de curto prazo que garantam a liquidação de suas obrigações de curto prazo, proporcionando a seus credores e investidores certo grau de proteção sobre seus créditos e investimentos. Já o capital de giro abarca todo o ativo circulante da entidade. Pode-se analisar também o capital de giro próprio ou de terceiros, determinado da seguinte forma: quando uma empresa apresenta em seu balanço um montante de ativos realizáveis superior ao de passivos exigíveis, isso significa que ela tem capital de giro próprio, uma vez que o capital próprio (patrimônio líquido) é suficiente para cobrir o investimento efetuado no ativo não circulante, além de haver uma folga de recursos próprios financiando seus ativos realizáveis. Já o capital de giro de terceiros configura-se quando o ativo não circulante é financiado pela totalidade do capital próprio, não sendo este suficiente para cobrir a aplicação efetuada no ativo não circulante; a parcela de passivos exigíveis representa, então, o capital de giro de terceiros.

Uma versão mais aprimorada da análise financeira pode ser feita por meio da dinâmica do capital de giro da empresa. Para a utilização do modelo dinâmico de análise financeira, é necessário reagrupar as contas do balanço patrimonial em ativos circulantes e não circulantes, e, do mesmo modo, passivos circulantes, passivos não circulantes e patrimônio líquido. Os ativos circulantes devem ser classificados em circulantes operacionais (ou cíclicos) e em circulantes financeiros. Os ativos não circulantes são representados pela soma dos ativos realizáveis a longo prazo, investimentos, imobilizado e intangível. Do mesmo modo, os passivos circulantes devem ser classificados em circulantes operacionais (ou cíclicos) e em circulantes financeiros. Os passivos não circulantes são representados pelo endividamento de longo prazo (grupo do antigo exigível a longo prazo), bem como o patrimônio líquido da empresa, que deve ser considerado nessa análise.

O ativo circulante operacional (cíclico) é o investimento que tem origem nas atividades operacionais da empresa como compra, venda, produção, prestação de serviço, enquanto o passivo circulante operacional (cíclico) é a fonte de recurso denominada passivo de funcionamento, ou seja, a que procede das atividades operacionais.

O ativo circulante financeiro representa as contas de natureza financeira como os valores de disponibilidade imediata, tais como: caixa, bancos e aplicações financeiras, bem como os recursos de curto prazo da organização. Já o passivo circulante financeiro ou oneroso representa as fontes de financiamento referentes a empréstimos bancários, descontos de duplicatas e outras operações relacionadas com o ciclo financeiro da empresa.

Preparação do balanço patrimonial para a análise dinâmica

O balanço convencional está elaborado em conformidade com as normas estabelecidas pelas leis nºs 6.404/76 e 11.638/07 conforme apresentado a seguir.

GRUPOS INTEGRANTES DO BALANÇO PATRIMONIAL

Ativo	Passivo
Ativo circulante (AC)	Passivo circulante (PC)
Ativo não circulante (ANC)	Passivo não circulante (PNC)
Realizável a longo prazo	Patrimônio líquido
Investimentos	
Imobilizado	
Intangível	

Para efeito de análise dinâmica do capital de giro, o balanço patrimonial deverá ter a seguinte configuração:

Aplicação de recursos	Origem de recursos
Ativo circulante financeiro (ACF)	Passivo circulante oneroso (PCO)
Ativo circulante cíclico (ACC)	Passivo circulante cíclico (PCC)
Ativo não circulante (ANC)	Passivo não circulante (PNC)

A necessidade de capital de giro

A necessidade de capital de giro (NCG), ou investimento operacional em giro (IOG), representa os valores investidos em ativos operacionais, especialmente em estoques e créditos com clientes, cujo valor possa ser obtido através da diferença entre o ativo circulante operacional (ACO) e o passivo circulante operacional (PCO).

A necessidade de capital de giro, ou investimento em capital de giro, é elemento fundamental para avaliar a situação financeira das empresas. Seu valor revela o montante de recursos para manter o giro dos negócios. As contas que compõem a necessidade líquida de capital de giro representam operações de curto prazo e de retornos rápidos, são totalmente diferentes das contas que compõem o ativo não circulante, pois elas resultam de decisões de longo prazo com uma perspectiva bastante lenta para a recuperação do capital investido.

Qualquer alteração nas políticas de compra, estocagem e crédito pode produzir efeitos imediatos sobre o fluxo de caixa e a necessidade de capital de giro (NCG), corroborando, assim, a importância desse tipo de análise para caracterizar o equilíbrio financeiro de curto prazo das organizações. Se o saldo dessa variável for positivo, indica que um volume significativo do capital de giro líquido está na forma de aplicações em ativos operacionais como estoques, contas a receber e despesas antecipadas. Por outro lado, quando o saldo for negativo entende-se que os recursos destinados ao capital de giro estão sob a forma de ativos líquidos, ou seja, em disponibilidades especialmente.

A mensuração da necessidade de capital de giro pode ser demonstrada pela seguinte fórmula:

$$NCG = ACO - PCO$$

onde NCG é a necessidade de capital de giro, ACO o ativo circulante operacional e PCO é o passivo circulante operacional.

Saldo em tesouraria (ST)

Uma importante função da gerência financeira de uma empresa é acompanhar a evolução do saldo em tesouraria, a fim de evitar que permaneça constantemente negativo e crescente.

A maioria das empresas que operam com saldo em tesouraria crescentemente negativo apresenta uma estrutura financeira inadequada, revelando uma dependência excessiva de empréstimos de curto prazo, que poderá levá-las até mesmo ao estado de insolvência. De modo geral, essas empresas enfrentam sérias dificuldades para resgatar seus empréstimos de curto prazo, quando os bancos, por qualquer motivo, se recusam a renová-los.

Por intermédio do saldo da tesouraria pode-se identificar o grau de utilização de recursos de terceiros de curto prazo para financiar as necessidades líquidas de capital de giro da empresa. Caso o saldo seja positivo, deduz-se que a organização possui folga financeira, ou seja, ela possui recursos financeiros aplicados em curto prazo. Se o saldo for negativo, significa que recursos financeiros de curto prazo estão financiando as atividades operacionais da empresa. Isso porque o saldo em tesouraria pode sinalizar o grau de adequação da política financeira empregada pela administração. Quando positivo, indica disponibilidade de recursos para garantir a liquidez de curtíssimo prazo do empreendimento. Caso seja negativo, pode evidenciar dificuldades financeiras iminentes, em especial por ocasião da manutenção de saldos negativos sucessivos e crescentes. O acompanhamento da evolução do saldo de tesouraria no decorrer de exercícios sociais sucessivos, bem como das causas das eventuais alterações de tendências percebidas, representa o cerne do modelo de gestão dinâmica de capital de giro.

O resultado da tesouraria deve ser analisado com cautela, pois a folga financeira, se existe, deve representar o saldo de aplicações financeiras, ou, até mesmo, de outros ativos com alta liquidez e apropriada remuneração. O mesmo não poderia ser dito para tesouraria positiva, formada por elevados saldos em contas confusas como outros créditos, adiantamentos, entre outras, que poderiam esconder recursos cujas realizações jamais se consolidarão. Do mesmo modo, uma tesouraria positiva com elevados saldos em disponibilidades expressa a inoperância da gerência de recursos financeiros, tendo em vista que os recursos disponíveis deveriam estar aplicados em outros ativos da empresa na busca de maior rentabilidade.

O saldo de tesouraria (ST) pode ser demonstrado pela seguinte fórmula:

$$ST = ACF - PCF$$

onde ST é o saldo de tesouraria, ACF é o ativo circulante financeiro e PCF é o passivo circulante financeiro.

Efeito tesoura

O efeito tesoura é um indicador que evidencia o descontrole no crescimento das fontes onerosas de recursos no curto prazo. Ocorre quando o saldo de tesouraria apresenta-se cada vez mais negativo a cada exercício, variando em níveis superiores ao crescimento da necessidade de capital de giro. Desse modo, quando a necessidade de capital de giro cresce percentualmente a uma taxa superior ao capital circulante líquido, observa-se a ocorrência do efeito tesoura, que representa a fragilização das condições de solvência da empresa.

Se o saldo em tesouraria se mostrar crescentemente negativo, evidencia que a empresa caminha para a insolvência. É importante observar que o fato isolado de o saldo em tesouraria ser negativo não é preocupante. O problema é quando ao longo de um período se observa uma tendência de diminuição ou perda do saldo. O efeito tesoura, portanto, é consequência de saldo de tesouraria cada vez mais negativo, variando em proporção superior à necessidade de capital de giro.

Uma vez demonstrada a importância da análise do capital de giro com a determinação da necessidade de capital de giro (NCG), saldo em tesouraria (ST) e efeito tesoura, vamos agora debater os critérios de análise econômico-financeira. São três os critérios utilizados: análise vertical, análise horizontal e indicadores econômico-financeiros. Vejamos separadamente cada um deles.

Análise vertical

Mostra a participação percentual de cada item das demonstrações financeiras em relação ao somatório de seu grupo. Essa análise permite avaliar a composição de itens e sua evolução no tempo. Pode-se assim aquilatar, de modo objetivo e direto, a representatividade de cada componente das demonstrações, identificando aqueles que mais contribuem para a formação do conjunto sob análise.

A análise vertical é de grande importância, principalmente quando aplicada à demonstração de resultado do exercício, porque possibilita detectar a composição percentual das receitas e despesas, evidenciando aquelas que mais influenciaram na formação do lucro ou prejuízo.

Como exemplo de análise vertical, apresentamos a seguir as demonstrações contábeis da empresa fictícia Pense Bem S.A.

BALANÇO PATRIMONIAL ($ 000)

	19 X 1	%
ATIVO	**2.606**	**100,00**
Ativo circulante	**1.556**	**59,71**
Financeiro	143	5,49
Caixa e bancos	143	5,49
Cíclico	1.413	54,22
Clientes	815	31,27
Estoques	548	21,03
Outros	50	1,92
Ativo não circulante	1.050	40,29
Realizável a longo prazo	**66**	**2,53**
Clientes	46	1,77
Créditos com atividades ligadas	20	0,76
Investimentos	170	6,52
Imobilizado	784	30,08
Intangível	30	1,16
PASSIVO	**2.606**	**100,00**
Passivo circulante		
Financeiro	603	23,14
Empréstimos e financiamentos	603	23,14
Cíclico	665	25,52
Fornecedores	242	9,29
Impostos, taxas e contribuições	310	11,90
Provisões	113	4,33
Passivo não circulante	**110**	**4,22**
Empréstimos e financiamentos	**90**	**3,45**
Outras contas a pagar	**20**	**0,77**
Patrimônio líquido	**1.228**	**47,12**
Capital social	850	32,62
Reservas de capital	85	3,26
Ajuste de avaliação patrimonial	0	0,00
Reservas de lucros	293	11,24

DEMONSTRAÇÃO DO RESULTADO DO EXERCÍCIO

	($ 000)	%
Receita operacional bruta	5.872	127,62
Deduções da receita	1.271	27,62
Receita operacional líquida	4.601	**100,00**
Custo das mercadorias vendidas	2.937	63,83
Lucro bruto	**1.664**	**36,17**
Despesas administrativas	579	12,58
Despesas comerciais	348	7,56
Despesas financeiras	232	5,04
Lucro operacional	**505**	**10,98**
Receitas/despesas não operacionais	72	1,56
Lucro antes do imposto de renda	577	12,54
Provisão para IR e contribuição social	231	5,02
Lucro líquido	**346**	**7,52**

No balanço patrimonial, verifica-se o percentual de cada conta ou grupo de contas em relação ao ativo ou passivo total. Na demonstração de resultado, faz-se a comparação de cada conta de despesa ou subtotal com a receita operacional líquida. Pode-se assim avaliar a relevância de cada conta ou grupo em relação aos valores totais da empresa.

Com base nas demonstrações contábeis da empresa Pense Bem S.A., pode-se concluir que:

- as contas mais significativas do ativo são clientes (31,27%) e imobilizado (30,08%);
- as contas mais relevantes do passivo são empréstimos e financiamentos a curto prazo (23,14%) e capital social (32,62%);
- o custo da mercadoria representa 63,83% do faturamento da empresa;
- as despesas operacionais (administrativas, comerciais e financeiras) representam 25,19% do faturamento da empresa;
- a margem bruta do produto e a margem operacional da empresa representam 36,17% e 10,98%, respectivamente.

Análise horizontal

A análise horizontal toma por base dois ou mais exercícios sociais para verificar a evolução ou involução de seus componentes. Observando o comportamento dos diversos itens do patrimônio e, principalmente, dos índices, pode-se fazer uma análise de tendência.

EMPRESA PENSE BEM S.A.

BALANÇO PATRIMONIAL ($ 000)

	19 X 1	%	19 X 2	%	19 X 3	%
ATIVO	1.176	100	1.690	143	2.606	221
Circulante	**573**	**100**	**900**	**157**	**1.556**	**271**
Caixa e bancos	35	100	69	197	143	408
Clientes	288	100	428	148	815	282
Estoques	210	100	362	172	548	160
Outros	40	100	41	102	50	125
Ativo não circulante						
Realizável a longo prazo	**133**	**100**	**99**	**75**	**66**	**50**
Clientes	100	100	79	79	46	46
Créditos com empresas ligadas	33	100	20	61	20	61
Investimentos	100	100	150	150	170	170
Imobilizado	350	100	491	140	784	224
Intangível	20	100	50	250	30	150
PASSIVO	1.176	100	1.690	143	2.606	221
Circulante	**476**	**100**	**796**	**167**	**1.268**	**266**
Empréstimos e financiamentos	232	100	370	159	603	260
Fornecedores	96	100	138	143	242	252
Impostos e contribuições	98	100	258	263	310	316
Passivo não circulante	**121**	**100**	**101**	**84**	**110**	**91**
Empréstimos e financiamentos	100	100	71	71	90	90
Outras contas a pagar	21	100	30	142	20	96

continua

	19 X 1	%	19 X 2	%	19 X 3	%
Patrimônio líquido	**579**	**100**	**793**	**136**	**1.228**	**212**
Capital social	400	100	400	100	850	212
Reservas de capital	40	100	40	100	85	212
Ajuste de avaliação patrimonial	0	100	0	100	0	100
Reservas de lucros	139	100	353	254	293	211

DRE ($ 000)	19 X 1	%	19 X 2	%	19 X 3	%
Receita operacional líquida	1.523	100	2.616	172	4.601	302
CMV	830	100	1.511	182	2.937	254
Lucro bruto	**693**	**100**	**1.105**	**159**	**1.664**	**240**
Despesas administrativas	263	100	373	141	579	220
Despesas comerciais	158	100	224	142	348	220
Despesas financeiras	105	100	149	141	232	221
Lucro operacional	**167**	**100**	**359**	**215**	**505**	**302**
Rec./desp. não operacional	41	100	59	144	72	176
Lair	208	100	418	201	577	277
Provisão para IR e CS	83	100	167	201	231	278
Lucro líquido	**125**	**100**	**251**	**200**	**346**	**277**

Com as demonstrações assim estruturadas, você poderá fazer diversas análises comparativas, seja da variação dos valores de cada conta ou grupo de contas ao longo dos exercícios, seja da variação dos índices apresentados pela empresa nos períodos analisados.

A avaliação das modificações das contas é feita por meio da comparação com:

- as variações históricas da própria empresa;
- as taxas de crescimento da economia;
- as taxas de crescimento do setor a que pertence a empresa;
- a taxa de inflação oficial;
- as variações nas contas idênticas das demonstrações de concorrentes.

A análise horizontal dos índices tem a grande vantagem de eliminar a preocupação do gestor com os patamares de inflação no período considerado, uma vez que os índices resultam da comparação de grandezas de uma mesma data.

Indicadores econômico-financeiros

O nível de segurança que se obtém de um parecer técnico acerca da situação econômico-financeira de uma empresa está diretamente relacionado ao período escolhido para avaliação. Isso quer dizer que o gestor deve valer-se das demonstrações financeiras de pelo menos três exercícios sociais e delas extrair os diversos indicadores que lhe forneçam as informações desejadas.

Ao analista interno da empresa importa, fundamentalmente, detectar seus pontos fortes e fracos para poder traçar uma estratégia visando corrigir as falhas ou aproveitar as oportunidades. Já ao analista externo interessa averiguar a viabilidade ou não da aplicação de recursos na empresa, ou seja, a ótica do analista é que determinará os caminhos a serem seguidos.

No caso de um empréstimo a curto prazo, por exemplo, o gerente de um banco — interessado basicamente no retorno seguro dos capitais emprestados — privilegiará os aspectos de liquidez e segurança. Em se tratando de empréstimo a longo prazo, o gerente dará ênfase também à capacidade de geração de lucro e à eficiência operacional da empresa, ou seja, à rentabilidade.

O principal instrumento utilizado para analisar a situação econômico-financeira de uma empresa é o índice, ou seja, o resultado da comparação entre grandezas.

Os índices estabelecem a relação entre as contas ou grupo de contas das demonstrações contábeis, visando evidenciar determinado aspecto da situação econômico-financeira de uma empresa. Portanto, servem como termômetro da saúde financeira da empresa. Todavia, para fornecer um parecer final é necessário analisar vários outros aspectos da estrutura financeira e econômica da empresa. Assim, o índice não deve ser considerado isoladamente, e sim num contexto mais amplo, em que cabe interpretar também outros indicadores e variáveis. Por exemplo, um elevado grau de endividamento não significa necessariamente que a empresa esteja à beira da insolvência. Há empresas que convivem com níveis altos de endividamento sem comprometer sua solvência, já que existem outros fatores capazes de atenuar essa condição.

Apresentamos a seguir um exemplo de balanço patrimonial e demonstração de resultado da empresa fictícia Pense Bem S.A., cujos dados servirão de base para o estudo dos indicadores econômico-financeiros.

Balanço patrimonial ($ 000)

Ativo	2.606	Passivo	2.606
Ativo circulante	**1.556**	**Passivo circulante**	**1.268**
Financeiro	143	*Financeiro*	603
Caixa e bancos	143	Empréstimos e financiamentos	603
Cíclico	1.413	*Cíclico*	665
Clientes	815	Fornecedores	242
Estoques	548	Impostos, taxas e contribuições	310
Outros	50	Provisões	113
Ativo não circulante	**1.050**		
Realizável a longo prazo	**66**	**Passivo não circulante**	**110**
Clientes a longo prazo	46	Empréstimos e financiamentos	90
Créditos com atividades ligadas	20	Outras contas a pagar	20
		Patrimônio líquido	**1.228**
Investimentos	170	Capital social	850
Imobilizado	784	Reservas de capital	85
Intangível	30	Reservas de reavaliação	0
		Reservas de lucros	293

Montante de compras: $ 3.123

Demonstração de resultado ($ 000)

Receita operacional bruta	5.872
Impostos sobre faturamento	(1.271)
Receita operacional líquida	4.601

continua

Custo das mercadorias vendidas	(2.937)
Lucro bruto	**1.664**
Despesas administrativas, comerciais e financeiras	(1.159)
Lucro operacional	**505**
Receitas/despesas não operacionais	72
Lucro antes do imposto de renda	577
Provisão para IR e contribuição social	(231)
Lucro líquido	**346**

Índices de estrutura de capital

Os índices de estrutura de capital refletem a segurança oferecida pela empresa aos capitais de terceiros e revelam sua política de obtenção de recursos, bem como sua alocação nos diversos itens do ativo. O ativo de uma empresa é financiado pelos capitais próprios (PL) e por capitais de terceiros (obrigações). Normalmente, quanto maior a participação de capitais de terceiros nos negócios de uma empresa, maior o risco a que eles estão expostos.

Apresentamos a seguir os principais indicadores de estrutura de capital utilizados para avaliar o endividamento de uma empresa.

Endividamento geral (EG)

$$\frac{\text{PC} + \text{PNC}}{\text{Passivo total}} \times 100$$

onde PC é o passivo circulante e PNC é o passivo não circulante.

Esse índice demonstra a estrutura de capital da empresa, apontando, assim, seu grau de endividamento. É através desse indicador que se identifica se a empresa tem maior dependência em capital próprio ou capital de terceiros para o financiamento do ativo. Quanto maior a dependência em capital de terceiros, maior o risco oferecido para as instituições financeiras na concessão de créditos. Entretanto, é importante ressaltar que determinadas empresas convivem muito bem com endividamento elevado, principalmente quando este endividamento tiver um perfil de longo prazo, ou quando, mesmo que de curto prazo, esses recursos sejam compostos por passivos não onerosos. Nesse caso, o fundamental é manter uma boa política de administração de prazos de pagamento com os fornecedores.

A Pense Bem S.A. apresenta um endividamento geral (EG) de 52,88% [($1.268 + $110) / $2.606 × 100]. Logo, pode-se concluir que:

- a empresa deve, a curto e/ou longo prazo, o correspondente a 52,88% de seu ativo;
- há nela uma predominância de capitais de terceiros;
- dos recursos investidos no ativo, 52,88% provêm de terceiros (fornecedores, bancos, governo), e o restante (47,12%), de recursos próprios (patrimônio líquido).

A análise da adequação desse índice para a empresa dependerá, entre outros aspectos, da comparação com os índices apresentados por outras empresas do mesmo setor econômico; da tendência demonstrada na análise de diversos exercícios; da composição do endividamento (curto ou longo prazo); e, ainda, do custo financeiro dessas dívidas.

Composição do endividamento (CE)

$$\frac{PC}{PC + PNC} \times 100$$

O índice de composição do endividamento tem o objetivo de demonstrar a política adotada quanto à forma de captação de recursos de terceiros. Pode-se identificar através desse indicador se a companhia concentra seu endividamento a curto ou longo prazo. Admite-se que quanto maior a concentração de exigíveis no curto prazo, maior será o risco oferecido pela empresa. Por outro lado, um endividamento com perfil de longo prazo, principalmente para o financiamento do ativo não circulante, propicia à empresa uma situação mais confortável, podendo representar, portanto, uma eficiente política de endividamento.

A Pense Bem S.A. apresenta uma composição do endividamento (CE) igual a 92,02% [$ 1.268 / ($ 1.268 + $ 110) × 100]. Ou seja, 92,02% do endividamento da empresa concentram-se no curto prazo. Ou, ainda, de cada $ 100 de dívidas totais, $ 92 se concentram no passivo circulante.

Imobilização do patrimônio líquido (IPL)

$$\frac{(\text{Investimentos} + \text{Imobilizado} + \text{Intangível})}{\text{PL}} \times 100$$

onde PL é o patrimônio líquido.

Esse índice mostra quanto do ativo não circulante (investimentos, imobilizado e intangível) da empresa é financiado pelo seu patrimônio líquido e, portanto, a maior ou menor dependência de aporte de recursos de terceiros para a manutenção de seus negócios. A correta administração dos recursos de uma empresa pressupõe uma adequada relação dos prazos das aplicações dos recursos com os prazos das fontes. Assim, convencionou-se dizer que o ativo não circulante (investimentos, imobilizado e intangível) é financiado pelo patrimônio líquido (pois são recursos próprios que também estão "permanentes" na empresa) ou por financiamentos a longo prazo. Em princípio, o ideal é que as empresas imobilizem a menor parte possível de seus recursos próprios, pois assim não ficarão na dependência de capitais alheios para a movimentação normal de seus negócios. O gestor deve atentar para as situações em que a empresa possui financiamentos de longo prazo para novos investimentos, tais como expansão, relocalização ou modernização de seu parque. Nesses casos, o índice de imobilização do capital próprio pode chegar a níveis muito elevados. A política de obtenção de fontes de longo prazo, porém, reflete decisão gerencial dos administradores.

A Pense Bem S.A. apresenta uma imobilização do capital próprio (IPL) de 80,13% [$984 / $1.228 × 100]. Isso indica que a empresa está imobilizando 80,13% de seu patrimônio líquido. Sobram, portanto, 19,87% de recursos próprios para aplicação nos ativos realizáveis (circulante e realizável a longo prazo). Se o índice de 80,13% for considerado elevado para esse tipo de empresa, cumpre averiguar se os financiamentos a longo prazo ($ 90) estão financiando o ativo não circulante (investimentos, imobilizado e intangível) a um custo compatível com sua capacidade e prazo para gerar lucros.

Imobilização de recursos não correntes (IRNC)

$$\frac{(\text{Investimentos} + \text{Imobilizado} + \text{Intangível})}{(\text{PL} + \text{PNC})} \times 100$$

onde PNC é o passivo não circulante.

Esse indicador, também denominado imobilização de recursos permanentes, mostra o percentual de recursos não correntes (passivo não circulante e patrimônio líquido) que foi revertido para aplicação no ativo não circulante (investimentos, imobilizado e intangível). Na prática, seu papel é fundamental quando o capital próprio (patrimônio líquido) mostra-se insuficiente para cobrir o investimento efetuado no ativo não circulante (investimentos, imobilizado e intangível), o que obriga a empresa a captar recursos de terceiros a longo prazo para financiar tal aplicação.

A Pense Bem S.A. tem um indicador de imobilização de recursos não correntes (IRNC) de 73,54% [$ 984/($ 1.228 +

$ 110) × 100]. Como o indicador de imobilização do patrimônio líquido ficou abaixo dos 100%, isso significa que o capital próprio foi suficiente para financiar o investimento efetuado no ativo não circulante (investimentos, imobilizado e intangível), não havendo portanto necessidade de recorrer a recursos de terceiros.

Passivo oneroso sobre ativo (POSA)

$$\frac{PCF + PNC}{Ativo} \times 100$$

onde PCF é o passivo circulante financeiro.

Esse índice mostra a participação das fontes onerosas de capital no financiamento dos investimentos totais da empresa e, portanto, sua dependência de instituições financeiras. Supõe-se que todo passivo não circulante seja oneroso. Caso contrário, deve-se excluir a parcela não onerosa. Vale observar que, normalmente, quanto maior for esse índice, maiores serão as despesas financeiras incorridas, influenciando o resultado do exercício.

A Pense Bem S.A. apresentou um passivo oneroso sobre ativo (Posa) de 26,59% [($ 603 + $ 90) / $ 2.606 × 100]. Logo, 26,59% do ativo estão sendo financiados por recursos onerosos de terceiros. Em princípio, tal índice não é considerado elevado. Entretanto, deve-se considerar o custo financeiro incidente sobre os $ 90 de financiamentos a longo prazo, bem como sua finalidade. Observe que o gestor deve adotar um padrão como referência para análise. Esses padrões são divulgados periodicamente nos normativos das instituições financeiras.

Índices de liquidez

Os índices de liquidez apontam a capacidade financeira da empresa para honrar os compromissos com terceiros. Evidenciam quanto a empresa dispõe de bens e direitos em relação às obrigações assumidas no mesmo período. De modo geral, presume-se que, quanto maior a liquidez, melhor a situação financeira da empresa. Porém, um alto índice de liquidez não representa necessariamente boa saúde financeira. O cumprimento das obrigações nas datas previstas depende de uma adequada administração dos prazos de recebimento e de pagamento (índices de atividades). Assim, uma empresa que tem altos índices de liquidez, mas mantém mercadorias estocadas por longos períodos, e recebe com atraso suas vendas a prazo ou mantém duplicatas incobráveis na conta clientes poderá ter problemas de liquidez, ou seja, dificuldades para honrar seus compromissos nos vencimentos. A seguir apresentamos os indicadores de liquidez mais utilizados.

Liquidez imediata (LI)

$$\frac{\text{Disponível}}{\text{PC}}$$

Esse índice mede a capacidade financeira da empresa em honrar imediatamente seus compromissos de curto prazo contando apenas com suas disponibilidades. Também conhecida como liquidez instantânea, avalia o poder da empresa em pagar todas as suas obrigações com vencimentos ao longo do exercício seguinte. Esse índice contempla a relação das disponibilidades imediatas com que a empresa conta para liquidar suas obrigações em curto prazo. A liquidez imediata apresenta sempre um índice inferior à unidade, pois não é considerado normal a empresa manter um saldo de caixa ou bancos em nível elevado, visando garantir pagamentos que vencerão ao longo do exercício seguinte. Por esse indicador é possível concluir que, uma vez em crescimento, a empresa pode estar imobilizando recursos em tesouraria, deixando de gerar recursos no giro dos negócios.

Liquidez corrente (LC)

$$\frac{AC}{PC}$$

A liquidez corrente é um dos índices mais utilizados em análise econômico-financeira, mostrando quanto a empresa poderá dispor em recursos a curto prazo (disponibilidades, clientes, estoques etc.) para pagar suas dívidas circulantes (fornecedores, empréstimos e financiamentos a curto prazo, contas a pagar etc.).

A Pense Bem S.A. apresenta uma liquidez corrente de 1,23 ($ 1.556 / $ 1.268), ou seja, ela poderá dispor de $ 1,23 de ativo circulante (capital de giro — bens e direitos de curto prazo) para pagar cada $ 1,00 de passivo circulante (obrigações a curto prazo), revelando-se com capacidade de solvência.

Liquidez seca (LS)

$$\frac{(AC - Estoque)}{PC}$$

Esse índice é uma medida mais rigorosa da liquidez da empresa, sendo tratado por muitos especialistas como "teste do ácido". Mostra quanto ela poderá dispor de recursos circulantes, sem levar em consideração seus estoques, para fazer face às suas obrigações a curto prazo.

O objetivo é identificar o grau de dependência do estoque para saldar as dívidas de curto prazo. Isto significa dizer que um indicador de liquidez corrente muito elevado pode estar comprometido por um alto grau de dependência de estoque, que, para se realizar, depende de mercado.

A Pense Bem S.A. apresenta uma liquidez seca de 0,80 [($ 1.556 – $ 548) / $ 1.268], ou seja, a empresa depende de seus estoques para saldar suas dívidas de curto prazo. Adicionalmente, podemos verificar o grau de dependência dos estoques para saldar suas obrigações. Se a liquidez seca for igual ou maior que 1, pode-se dizer que a empresa não depende da venda de estoques para saldar seus compromissos a curto prazo. Por outro lado, quanto mais o índice ficar abaixo da unidade, maior será a dependência de vendas para honrar suas dívidas.

Liquidez geral (LG)

$$\frac{AC + RLP}{PC + PNC}$$

onde RLP é o realizável a longo prazo.

A liquidez geral, ou índice de solvência geral, é uma medida de capacidade da empresa em honrar todas as suas exigibilidades, contando, para isso, com seus recursos realizáveis a curto e longo prazos.

Quando se trata de análise de liquidez, este índice em muitas situações pode apresentar-se abaixo da unidade apontando que a empresa concentra maior parte do seu endividamento a longo prazo, o que representa uma boa política. É importante ressaltar que o fator de liquidez ou solvência tem maior grau de relevância na avaliação do curto prazo, ou seja, liquidez corrente, onde se avalia a capacidade em honrar as dívidas circulantes.

A Pense Bem S.A. apresenta uma liquidez geral de 1,18 [($ 1.556 + $ 66) / ($ 1.268 + $ 110)], ou seja, para cada $ 1,00 de dívidas totais a empresa dispõe de $ 1,18 de recursos a curto e longo prazos.

Índices de rentabilidade e lucratividade

Os indicadores até aqui apresentados reportaram a análise financeira. Para efetuar a análise econômica passa-se a utilizar na análise não apenas o balanço patrimonial, mas também a demonstração de resultado do exercício. Os índices de rentabilidade e lucratividade têm por objetivo avaliar o desempenho final da empresa. A rentabilidade é o reflexo das políticas e das decisões adotadas pelos seus administradores, expressando objetivamente o nível de eficiência e o êxito econômico-financeiro atingido. Para todos os índices de rentabilidade e lucratividade vale a regra: quanto maior, melhor. Apresentamos a seguir os índices de rentabilidade mais utilizados.

Índices de rentabilidade

Apresentamos a seguir os indicadores utilizados para avaliar a rentabilidade das empresas.

Rentabilidade do patrimônio líquido (RPL)

$$\frac{\text{Lucro líquido}}{\text{Patrimônio líquido}} \times 100$$

A rentabilidade do patrimônio líquido, também denominada retorno sobre o capital próprio, mede a remuneração dos capitais próprios investidos na empresa, ou seja, quanto foi adicionado ao patrimônio líquido decorrente do resultado do período. Do ponto de vista de quem investe numa empresa, este é considerado o índice mais importante. Além de avaliar a remuneração do capital próprio, a rentabilidade do patrimônio líquido permite averiguar se esse rendimento é compatível com outras alternativas de aplicação, como caderneta de poupança, aluguéis e ações de empresas concorrentes. Um investidor, por exemplo, ao avaliar a rentabilidade do patrimônio líquido, poderá optar por uma aplicação no mercado financeiro, em vez de aplicar numa empresa que está oferecendo baixa rentabilidade. Esse tipo de análise resulta na avaliação do custo de oportunidade do investidor. Entende-se por custo de oportunidade a remuneração que se deixa de auferir em função de oportunidade de investimento descartada.

A empresa Pense Bem S.A. apresentou uma rentabilidade do patrimônio líquido de 28,18% [($ 346 / $ 1.228) × 100]. Isso significa que os acionistas (investidores) obtiveram uma remuneração de 28,18% sobre o capital investido na empresa. Comparando esse índice com os do mercado financeiro de renda fixa, pode-se concluir se é vantajoso ou não aplicar recursos nessa empresa.

Rentabilidade dos investimentos (RI)

$$\frac{\text{Lucro líquido}}{\text{Ativo total}} \times 100$$

Também denominado taxa de retorno dos investimentos (*return on investments*, ROI) ou poder de ganho da empresa, esse índice mostra quanto a empresa está obtendo de retorno em relação aos seus investimentos totais. Por meio dele pode-se também determinar o *payback*, ou seja, em quanto tempo se recuperam os investimentos totais efetuados no negócio.

A Pense Bem S.A. apresentou uma rentabilidade dos investimentos (RI) de 13,28% [($ 346 / $ 2.606) × 100], ou seja, o lucro líquido do exercício representa 13,28% do total investido na empresa. Adicionalmente, pode-se concluir que a empresa consegue recuperar os investimentos totais efetuados no ativo em aproximadamente 7,5 anos (100% / 13,28%), considerando apenas o resultado gerado em suas operações.

Giro do ativo (GA)

$$\frac{\text{Vendas líquidas}}{\text{Ativo total}}$$

Esse indicador demonstra se o faturamento gerado no período foi suficiente para cobrir o investimento total.

A Pense Bem S.A. registrou um giro do ativo (GA) de 1,77 ($ 4.601 / $ 2.606). Isso quer dizer que a empresa vendeu $ 1,77 para cada $ 1,00 investido.

Índices de lucratividade

Os indicadores utilizados para avaliar a lucratividade das empresas são, a seguir, explicitados.

Margem bruta (MB)

$$\frac{\text{Lucro bruto}}{\text{Receita operacional líquida}} \times 100$$

A margem bruta representa a lucratividade auferida sobre o produto, mercadoria ou serviço comercializado pela empresa. Numa análise complementar, esse indicador revela o percentual remanescente do faturamento líquido, após a dedução da despesa das mercadorias vendidas, para pagar as despesas operacionais e ainda, se possível, gerar lucro.

A Pense Bem S.A. apresentou margem bruta de 36,17% [($ 1.664 / $ 4.601) × 100], ou seja, a empresa obteve 36,17% de retorno sobre o produto comercializado.

Margem operacional (MO)

$$\frac{\text{Lucro operacional}}{\text{Receita operacional líquida}} \times 100$$

A margem operacional avalia o ganho operacional da empresa (resultado antes das receitas e despesas não operacionais) em relação a seu faturamento. Esse indicador revela a eficiência operacional da empresa, medida exclusivamente em função de suas operações normais realizadas para manutenção da atividade-fim.

A Pense Bem S.A. teve margem operacional de 10,98% [($ 505 / $ 4.601) × 100], ou seja, a empresa obteve 10,98% de lucro operacional sobre seu faturamento.

Margem líquida (ML)

$$\frac{\text{Lucro líquido}}{\text{Receita operacional líquida}} \times 100$$

A margem líquida também é uma medida da lucratividade obtida pela empresa. Entretanto, esse índice demonstra o retorno líquido da empresa sobre seu faturamento, diferindo da margem operacional por deduzir do lucro operacional o resultado não operacional e os impactos do imposto de renda e da contribuição social sobre o lucro.

A Pense Bem S.A. apresentou uma margem líquida de 7,52% [($ 346 / $ 4.601) × 100], ou seja, teve um retorno sobre o faturamento equivalente a 7,52%.

Indicadores de prazos médios

Os indicadores de prazos médios, também conhecidos como índices de atividade, mostram a dinâmica de algumas verbas do patrimônio, isto é, quantos dias elas levam para girar durante o exercício (rotação). Não se deve analisá-los individualmente, mas sempre em conjunto. A análise dos prazos médios é importante para se conhecer a política de compra e venda adotada pela empresa. Por meio dela pode-se constatar a eficiência com que os recursos estão sendo administrados (duplicatas a receber, estoques e fornecedores). Todos os indicadores de prazos médios pressupõem que os valores utilizados como numerador (estoques, clientes e fornecedores) não sofrem grandes alterações durante o exercício. Assim, por exemplo, se a conta estoques apresenta o valor de $ 300,00 no balanço, pressupõe-se que a empresa mantém um estoque médio desse valor durante o exercício. A seguir apresentamos os prazos médios comumente utilizados.

Prazo médio de compras (PMC)

$$\frac{\text{Fornecedores}}{\text{Montante de compras}} \times 360$$

O prazo médio de compras, também conhecido por prazo médio de pagamento, exprime quanto tempo a empresa leva para pagar aos fornecedores suas obrigações decorrentes das compras de matérias-primas ou mercadorias. Assim, pode-se dizer que o prazo médio de pagamento corresponde ao número de dias, em média, entre a compra e o respectivo pagamento. Quanto mais dilatado for o prazo médio de pagamento, mais satisfatória será a situação da empresa, pois estará financiando o seu giro com recursos não onerosos. Caso não seja fornecido o montante de compras (MC), este valor poderá ser determinado da seguinte forma:

$$\text{MC} = \text{CMV} + \text{Estoque final} - \text{Estoque inicial}$$

A Pense Bem S.A. tem um prazo médio de compras (PMC) de 28 dias [($ 242 / $ 3.123) × 360]. Isso quer dizer que a empresa leva, em média, 28 dias para liquidar seus compromissos com os fornecedores.

Prazo médio de estoques (PME)

$$\frac{\text{Estoques}}{\text{Custo das mercadorias vendidas}} \times 360$$

Este índice exprime quantos dias a empresa leva, em média, para realizar seus estoques. Assim, o prazo médio de estoque é o tempo decorrido entre a compra e a venda das mercadorias. Deve-se levar em consideração que, quanto menor for o período de manutenção dos estoques, maior será o giro e, consequentemente, a empresa reduzirá seus custos de armazenagem.

A Pense Bem S.A. tem um prazo médio de estoques de 67 dias [($ 548 / $ 2.937) × 360]. Isto é, a empresa mantém a mercadoria em estoque, em média, por 67 dias desde a compra até a venda.

Prazo médio de recebimentos (PMR)

$$\frac{\text{Clientes}}{\text{Receita operacional bruta}} \times 360$$

O prazo médio de recebimentos retrata quanto tempo a empresa leva para receber de seus clientes, indicando o tempo decorrido entre a venda e o efetivo ingresso dos recursos. Quanto menor for o prazo de recebimento, melhor para a empresa, pois isso contribuirá para a redução da necessidade de capital de giro ou até mesmo para gerar uma folga de caixa. Deve-se ressaltar que no montante de clientes deverão estar contidos os créditos de curto e longo prazos. Em se tratando da receita, utiliza-se a receita operacional bruta em vez da receita operacional líquida, devendo-se, apenas, deduzir as devoluções ocorridas no período.

A Pense Bem S.A. tem um prazo médio de recebimentos de 53 dias [($ 815 + $ 46)/$ 5.872] × 360. Logo, a empresa leva, em média, 53 dias para receber de seus clientes.

Ciclo operacional (CO)

$$CO = PME + PMR$$

Indica o período decorrido entre a compra da mercadoria ou matéria-prima e o recebimento efetivo referente às vendas efetuadas. Graficamente, pode ser assim representado:

CICLO OPERACIONAL

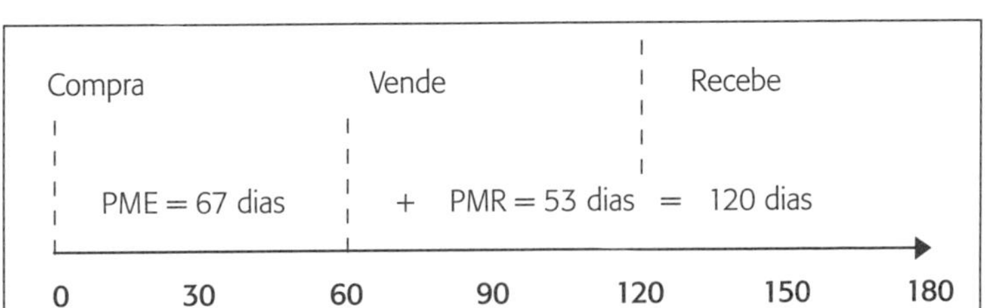

Ciclo financeiro (CF)

$$CF = CO - PMP$$

Exprime o período decorrido entre o momento do pagamento aos fornecedores referente à compra da mercadoria ou matéria-prima e o efetivo recebimento relativo às vendas efetuadas aos clientes. O ciclo financeiro visa demonstrar o período em que a empresa necessita ou não de financiamento complementar do seu ciclo operacional, gerando, assim, necessidade de capital de giro ou folga de caixa.

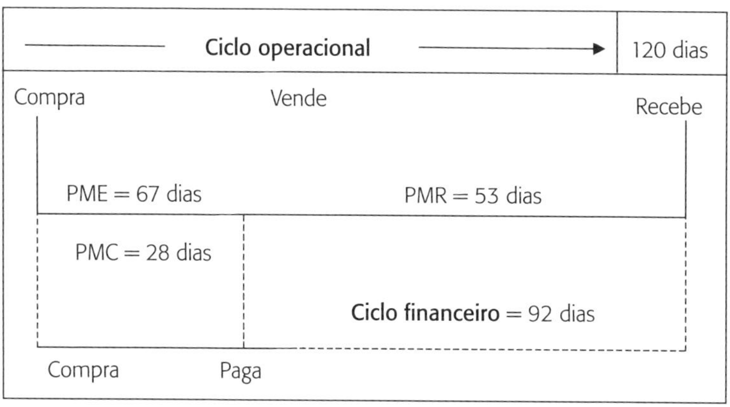

O ciclo financeiro é gerado pela diferença entre o ciclo operacional (PME + PMR) e o prazo médio de compras (PMC), correspondendo ao período decorrido entre o pagamento ao fornecedor e o momento em que a empresa recebe do cliente. Para esse período (ciclo financeiro), a empresa pode necessitar ou não de financiamento complementar. Caso necessite desse financiamento, ele normalmente é suportado por capital próprio ou recursos onerosos de terceiros (o que é mais comum).

Um dos pontos fundamentais para uma boa gestão financeira concentra-se na administração dos prazos médios expressos através do ciclo financeiro.

A Pense Bem S.A. apresentou um CF de 92 dias [PME (67) + PMR (53) – PMC (28)], ou seja, a empresa paga a seus fornecedores 28 dias após a compra e somente 92 dias após esse pagamento recebe o montante referente às vendas realizadas para os clientes. Para financiar seus clientes por 53 dias, a empresa pode utilizar-se de recursos próprios ou recorrer a desconto de duplicatas ou outros empréstimos para capital de giro.

Conclusão

Este livro teve por objetivo mostrar como se utilizam as informações geradas pela contabilidade e a sua importância para o processo decisório das organizações.

A crescente competitividade exige dos decisores maior rapidez em suas ações, as quais se apoiam em informações precisas, geradas por um eficaz sistema de que faz parte a contabilidade. Esta faz o retrato de uma organização através de demonstrações contábeis que revelam a sua posição econômico-financeira nos períodos indicados. Nenhum outro cartão de visita é tão preciso e revelador.

A ideia de registrar fatos e gerar demonstrações contábeis foi concebida no século XVII pelo frei Luca Pacciolo, que a princípio estava apenas interessado em organizar os registros do convento por ele administrado. Daí surgiu o método de partidas dobradas, citado neste livro, e posteriormente começaram a difundir-se os preceitos dessa ciência que se tornou a fonte de informações para os decisores.

Se antes era o chamado guarda-livros que se encarregava de registrar as transações ocorridas numa empresa, hoje compete à controladoria elaborar os dados que permitem avaliar os diversos setores da organização. De fato, é inegável a importância da contabilidade para a tomada de decisões em áreas como:

- marketing, em que se pode avaliar a contribuição de cada produto e concentrar esforços na promoção de uma determinada linha;
- produção, na qual é possível identificar os casos de ociosidade com base na análise de custos;
- planejamento, em que se utiliza a base de dados contábeis como ponto de partida para novos planos de expansão.

Enfim, procuramos neste livro usar uma linguagem simples e acessível, de modo a despertar no leigo em administração e economia o interesse pelo estudo da contabilidade, para novos planos de expansão, para processos de inovação e objetivando o desenvolvimento das organizações alinhado com as exigências do mercado quanto ao meio ambiente.

Bibliografia

BRAG, Hugo R.; ALMEIDA, Marcelo C. *Mudanças contábeis da lei societária*. São Paulo: Atlas, 2009.

CREPALDI, Sílvio Aparecido. *Curso básico de contabilidade*. 2. ed. São Paulo: Atlas, 1999.

DE LUCA, Márcia M. Mendes. *Demonstração do valor adicionado*. São Paulo: Atlas, 1998.

FREIRE, Marcos Guimarães. *Análise das demonstrações financeiras*. Brasília: Vest-Con, 1996.

IUDÍCIBUS, Sérgio; MARION, José Carlos. *Introdução à teoria da contabilidade*. São Paulo: Atlas, 1999.

_____; MARTINS, Eliseu; GELBCKE, Ernesto Rubens. *Manual de contabilidade das sociedades por ações*. 5. ed. São Paulo: Atlas, 2000.

LEI nº 1.638/07. *Diário Oficial da União*, 28 dez. 2007.

LEI nº 11.941/09. *Diário Oficial da União*, 28 maio 2009.

LEI das Sociedades por Ações: Lei nº 6.404, de 15-12-1976. 2. ed. São Paulo: Atlas, 1996.

MARION, José Carlos. *Contabilidade empresarial*. 7. ed. São Paulo: Atlas, 1998.

NEVES, Silvério das; VICECONTI, Paulo Eduardo V. *Contabilidade avançada*. 9. ed. São Paulo: Frase, 2001.

PEREZ JR., José Hernandez; BEGALLI, Glauco Antônio. *Elaboração das demonstrações contábeis*. São Paulo: Atlas, 1999.

RIBEIRO, Osni Moura. *Contabilidade geral*. 2. ed. São Paulo: Saraiva, 1999.

STICKNEY, Clyde P.; WEIL, Roman. *Contabilidade financeira*. São Paulo: Atlas, 2001.

Os autores

André Luis Fernandes Limeira

Mestre em ciências contábeis pela Uerj e contador pela Faculdade de Ciências Contábeis e Administrativas Moraes Júnior. Ex-auditor da Deloitte Touche Tohmatsu, ex-professor da Escola Naval. Coordenador acadêmico do MBA em Gestão Empresarial, e Gestão Financeira, Controladoria e Auditoria do Programa FGV Management desde 1999. Coautor dos livros *Contabilidade para executivos* e *Gestão de custos* (FGV).

Carlos Alberto dos Santos Silva

Mestre em ciências contábeis pela Uerj, graduado em economia e contabilidade, especialista em administração de empresas pela Faculdade São Luís (SP). Com experiência em empresas como Alcatel Brasil Telecomunicações, Laboratórios Anakol e Letraset Brasil em cargos de gerência e direção. Coordenador acadêmico do MBA em Gestão Empresarial, Gestão Financeira, Controladoria e Auditoria do Programa FGV

Management desde 1994. Autor de diversos artigos publicados e coautor dos livros *Controladoria estratégica* (Atlas, 2002) e *Gestão de custos* (FGV, 2007).

Carlos Vieira

Mestre em ciências contábeis pela Uerj, graduado em economia pela Universidade Gama Filho, especialista em finanças pela PUC-Rio e pós-graduado em ciências contábeis pelo Instituto Superior de Estudos Sociais Clóvis Bevilácqua. Docente em cursos de administração e ciências contábeis. Professor convidado do FGV Management.

Raimundo Nonato Souza Silva

Doutor em engenharia de produção pela Coppe/UFRJ, mestre em contabilidade gerencial pela FGV e especialista em contabilidade e graduado em ciências contábeis pela Ficom (PA). Consultor de empresas nas áreas de contabilidade e finanças. Professor convidado do FGV Management.